서드
피리어드

서드
피리어드

초판 1쇄 인쇄 2017년 6월 21일
초판 1쇄 발행 2017년 6월 28일

지은이 장영환
펴낸이 백유미

Publishing Dept.
CP 조영석 | **Chief editor** 박혜연 | **Editor** 이주영 조현영
Marketing 이원모 조아란 | **Design** 문예진 엄재선

Education Dept.
김주영 이정미

Management Dept.
박은정 임미현 윤민정

펴낸곳 라온북
주소 서울시 서초구 효령로 34길 4, 프린스효령빌딩 5F
등록 2009년 12월 1일 제 385-2009-000044호
전화 070-7600-8230 | **팩스** 070-4754-2473
이메일 raonbook@raonbook.co.kr | **홈페이지** www.raonbook.co.kr

값 13,800원
ISBN 979-11-5532-288-8(13320)

이 책은 저작권법에 따라 보호를 받는 저작물이므로 무단전재 및 복제를 금지하며, 이 책 내용의 전부 및 일부를 이용하려면 반드시 저작권자와 (주)니카 라온북의 서면동의를 받아야 합니다.

* 라온북은 (주)니카의 출판 브랜드입니다.
* 잘못된 책은 구입한 서점에서 바꾸어 드립니다.

이 도서의 국립중앙도서관 출판시도서목록(CIP)은 서지정보유통지원시스템 홈페이지(http://seoji.nl.go.kr)와 국가자료공동목록시스템(http://www.nl.go.kr/kolisnet)에서 이용하실 수 있습니다. (CIP제어번호: CIP2017014110)

라온북은 독자 여러분의 다양한 아이디어와 원고 투고를 설레는 마음으로 기다리고 있습니다. 머뭇거리지 말고 두드리세요. (raonbook@raonbook.co.kr)

3rd Period

100세 시대, 60세 이후
세 번째 인생을 준비하라

장영환 지음

서드 피리어드

RAON BOOK

프롤로그

100세 시대,
가치 있는 삶을 준비하는 당신에게!

　　물밀 듯 밀려가는 지하철 인파 속의 출퇴근길에서, 당신은 가던 길을 잠시 멈춰서 본 적이 있는가? 나는 꽤 오랜 기간 동안 알 수 없는 이유로 가슴이 먹먹해져 가던 길을 멈출 수밖에 없었던 때가 있었다. 우리는 보통 출퇴근길이 너무도 익숙하여 의식하지 않고 다닌다. 나와 가족을 위한 미래의 아름다운 발걸음이기에 열심히 그리고 쉼 없이 같은 길을 매일 걸어 다닌다. 그런데 때로는 문뜩 '나는 정말 잘 살고 있는가?'라는 생각이 들 때가 있다. 삶의 가치에 대한 생각이 들기 때문이다. 정말 다른 길은 없는가?

나는 만 10년차 자기계발러이자, 딸아이 둘을 키우고 있는 한 가정의 가장이다. 젊음의 정점에 있었던 30대 후반의 어느 날, 회사를 정년까지 열심히 다녀도 아이들을 끝까지 키울 수 없다는 사실을 자각하고는 생존을 위해 본격적으로 자기계발을 해오고 있다. 결혼은 적정 연령에 했지만, 자녀를 늦게 낳아서 나와 둘째 딸의 나이차가 무려 40년이다. 70세까지는 현역으로 뛰어야 둘째 아이를 결혼까지 무리 없이 시킬 수 있는 것이다. 나는 이렇게 평생 현역의 길을 들어서게 되었다. 당신의 상황은 어떠한가?

'세상의 판'이 바뀌고 있다

"앞으로 여러분 인생 60년이 남은 중·고등학교 4년 10개월을 어떻게 보내느냐에 따라 결정된다. 새학기다. 새로운 마음으로 열심히 공부하길 바란다." 내가 중학교 2학년 때 사회 선생님께서 하신 말씀이다. 당시에는 철부지 시절이라 선생님 말씀의 깊은 뜻을 알지 못했다. 하지만 이제와 돌이켜보니 예전의 세상 판을 꿰뚫어 보고 하신 말씀이다. 우리나라에서는 한 인생에 있어서 두 가지 큰 통과의례가 있다. 바로 대학과 직장이다. 어디에 들어가느냐에 따라 한 인생의 삶이 하늘과 땅차이로 바뀌게 된다. 정말 엄청난 노력을 하지 않는 이상 이미 결정된 인생, 대학과 직장을 뛰어넘는 새로운 인생을 개척하기란 쉽지 않다. 대학과 직장에서 결정된 인생에 따라 30년간 열심히 일하다가 은퇴하여 퇴직금으로 노후를 대비했던 시기였다.

하지만 의학기술의 발전으로 호모헌드레드(Homo Hundred) 시대가 현실화되고 있다. 이 신조어는 유엔(UN)이 2009년에 내놓은 「세계인구고령화」 보고서에 처음으로 정의되었다. 사망연령의 최빈치(最頻値)를 나타내는 '최빈사망연령'이 90세 이상 되는 사회를 100세 시대라고 보는데, 이미 86세를 넘어섰고 2020년이면 90세에 이를 것이라고 한다. 이 100세 시대 현실화로 인해 예전과는 다른, 새로운 판이 형성되고 있다. 나는 그 새로운 판의 이름을 '서드 피리어드'(Third Period)라고 명명한다.

서드 피리어드(Third Period)란 무엇인가

지하철에 스쳐지나가는 수많은 직장인들의 무표정한 얼굴과 흐려진 눈빛에는 고단한 삶과 불투명한 미래에 대한 걱정이 고스란히 반영되어 있다. 어쩌면 나와 같은 평범한 직장인들은 지금의 삶을 뛰어넘는 인생 3막을 꿈꾸고 있는지도 모르겠다. '또 한 번의 기회가, 시기가 주어지면 열심히 잘 살 수 있을 텐데…'라고 말이다. 그런데 정말 의학기술의 발전으로 우리에게는 예전 시대와 다른 30년 이상의 또 다른 인생이 선물로 주어졌다. 현실화된 100세 시대, 이 희망의 시기를 나는 '서드 피리어드'라 부른다.

나는 오늘날 한국 상황에 맞는 인생의 생애주기를 다음과 같은 4단계로 본다.

First Period (배움의 시기)	0-30세	태어나서 초·중·고·대학교 16년간의 배움의 시기를 거쳐 직장에 취업하는 시기
Second Period (성장의 시기)	31-60세	배움의 시기에서 배웠던 이론을 실제로 적용해 보며, 경험을 통해 다시 배우고 내공을 쌓는 시기
Third Period (결실의 시기)	61-90세	First Period와 Second Period를 통해 얻은 이론과 실제 경험을 바탕으로 깨달은 가치를 전하며 사는 시기
Fourth Period (정리의 시기)	91-?세	인생을 정리하고 마무리하며 후손들에게 지혜를 남기는 시기

노후가 아닌 '서드 피리어드'(Third Period)를 준비하라

예전에서는 은퇴 후 7-10년만 대비하면 되는 재테크 위주의 노후준비 시대였다. 그러나 100세 시대에서는 그동안의 경험을 바탕으로 '인생을 새로운 판에 재설계하는 시대'가 되었다. 초·중·고·대학교를 거치며 16년을 공부하고 준비해서 현재의 직장에 다니며 삶이라는 전쟁터에서 살아남았다. 예전에는 인생이 여기서 끝났지만, 이제는 완전히 새로운 인생이 퇴직 후에 펼쳐지게 되었다. 직장에서 보낸 시간만큼, 아니 더 긴 시간을 새롭게 살게 된 것이다. 세컨 피리어드 30년을 위해 16년간 초·중·고·대학교에서 준비한 만큼, 서드 피리어드 30년을 위해 최소한 16년을 준비해야 하지 않겠는가? 평균 퇴직 연령 53.1세를 기준으로 하면 30대 중후반부터는 서드 피리어드를 위해 배우고 준비해야 한다는 계산이 나온다.

이 책은 학자의 관점이 아닌 평생 현역을 준비하고 있는 실행자의 관점에서 집필하였다. 그래서 서드 피리어드를 단순한 노후가 아닌 평생 현역형 인간으로 살아가기 위한 자기계발의 핵심을 이 책에 모두 다루었다고 나는 자부한다. 사실 세상에 이론이 부족해서 실행이 어려운 게 아니다. 다만 어디서부터 어떻게 무엇을 실행해야 할지 몰라서 머뭇거리는 거라 생각한다. 이에 나는 당신보다 조금, 아주 조금 앞선 사람으로서 나의 노하우를 당신과 나누고 조금이라도 도움이 되고자 이 책을 집필하게 된 것이다.

4차 산업혁명이 도래했다. 이미 호모헌드레드 시대에 진입했다. 베이비부머들의 은퇴(1955-1963)는 향후 5-10년간 우리 사회에 엄청난 파급효과를 가져오게 될 것이다. 이는 가히 우리의 상상을 초월하게 될 것이라 각 분야의 전문가들이 전망한다. 변화는 준비한 사람에게는 기회이다. 그러나 준비하지 않은 사람에게는 위기가 된다. 즉 앞으로는 준비되지 않았다는 사실은 단순한 실직을 넘어 생존의 문제가 될 것이다. 부디, 이 책이 직장생활을 하면서 평생 현역으로의 멋진 인생 3막을 준비하는 모든 이들에게 실질적인 도움이 되길 진심을 바란다.

    나는 짧지 않은 기간을, 평일에는 직장에서 일하고 주말에는 집필에 매진했다. 이 시간은 힘들었으나, 나 자신의 성장에는 큰 영향을 주었다. 이 기간 동안 내 인생의 꿈을 구체화할 수 있었음에 감사한다. 더불어 집필하는 동안 배려해준 사랑하는 아내 최경순과 두딸 채영과 지우에게 이 책을 바친다.

장영환

목차

프롤로그
100세 시대, 가치 있는 삶을 준비하는 당신에게! 6

제1장
서드 피리어드란 무엇인가?

01 호모헌드레드(Homo Hundred) 시대가 다가오고 있다 19
02 4차 산업혁명 시대를 대비하는 길 25
03 빨리 퇴직하지만, '오랫동안' 은퇴할 수 없는 사회 30
04 평생직장은 없지만 평생업은 있다 35
05 개인의 지식과 경험이 자본이 되는 시대가 오고 있다 40
06 풍요로운 삶을 위해서 44

제2장
생존을 위한 자기계발의 필요성

01 내가 진정 원하는 삶은 무엇인가?   53
02 성공하는 삶이냐? VS 가치 있는 삶이냐?   58
03 진정한 창조적 한풀이 과정   62
04 우리는 항상 자신의 존재가치를 찾으려 한다   68
05 이제부터 진짜 인생을 만들어 가는 거다   73
06 제대로 준비하지 않는 자기계발은 밑빠진 독에 물 붓기   78
07 절박함! 평생 현역을 위한 추진력으로 활용하라   84

제3장
풍요로운 서드 피리어드를 위한 조건

01 시간 관리력   91
02 평생 현역을 위한 스마트한 '건테크'   96
03 독서력   103
04 통찰력   108
05 실행력   114
06 생존을 위한 인맥관리   121
07 생존을 위한 재테크력   127

제4장
평생업을 위한 준비와 실전

01 평생 현역의 롤모델을 찾아라   137
02 나의 이력을 정리하라   153
03 내가 좋아하는 일, 잘 하는 일, 하고 싶은 일을 찾아라   158
04 나의 재능을 강점으로, 강점을 필살기로 바꾸기   165
05 직장인 마인드에서 기업가적 마인드로 전환하기   172

제5장
완벽한 서드 피리어드를 위한 최종점검

01 당신의 인생 2막은 '전문가'다   181
02 지금의 직장이 가장 좋은 배움터다   192
03 적극적으로 찾아가 배워라   198
04 트렌드에 민감하게 반응하자   203
05 나만의 브랜드를 만들자   209

제6장
가치를 전하며 서드 피리어드를 사는 법

- **01** 인생 3막은 세상에 좋은 영향력을 미치며 사는 것이다   219
- **02** 주변과 신뢰 관계를 쌓아라   226
- **03** 재능 기부할 수 있는 분야를 찾아라   235
- **04** 스피치 등 청중을 만날 기회를 통해 가치를 전하라   242

에필로그
비범함은 평범함의 반복에서 나온다   250

··· 제1장

서드 피리어드란 무엇인가?

호모헌드레드(Homo Hundred) 시대가 다가오고 있다

아내의 외할머니는 103세에 돌아가셨다. 큰 병마도 없이, 치매도 없이 맑은 정신으로 비교적 건강하게 살다가 돌아가셨다. 예전에는 보통 60세 이상 되는 분들을 '노인'이라고 불렀는데, 이제는 그분들을 '노인'이라고 부르기가 어색할 정도다. 염색한 머리, 말쑥한 옷차림 때문인지, 현미경의 눈으로 쳐다보지 않으면 60-70대에 있는 분의 나이가 전혀 분간되지 않는다. '장수'라는 말이 이전에는 먼 나라의 이야기였지만, 이제는 나의 이야기가 되었다. 그만큼 100세 시대가 우리 곁에 성큼 다가왔다.

호모헌드레드(Homo Hundred) 시대란 인간의 평균수명 100

세 시대를 의미하는 말이다. 이 신조어는 유엔(UN)이 2009년에 내놓은 「세계인구고령화」 보고서에 처음으로 정의되었다. 평균수명 80세를 넘는 국가가 2000년에는 6개국에 불과했지만, 2020년에는 무려 31개국에 이를 것이라고 예상하며 이를 호모헌드레드 시대라고 이름 붙인 것이다. 사망연령의 최빈치(最頻値)를 나타내는 '최빈사망연령'이 90세 이상 되는 사회를 100세 시대라고 보는데, 이미 86세를 넘어섰고 2020년이면 90세에 이를 것이라고 한다. 믿기지 않겠지만, 객관적인 사회지표만 보아도 100세 시대가 이미 눈앞에 와 있는 것이 우리의 현실이다.

나는 오늘날 한국 상황에 맞는 인생의 생애주기를 4단계로 본다. 이와 관련된 표는 프롤로그에 삽입되어 있다. 'First Period'는 태어나서 30세까지를 말한다. 이 시기는 태어나서 초·중·고·대학교 16년간의 배움의 시기를 거쳐 직장에 취업하는 시기다. 'Second Period'는 31세에서 60세까지로, 배움의 시기에서 배웠던 이론을 실제로 적용해 보며 경험을 통해 다시 배우고 내공을 쌓는 시기다. 'Third Period'는 61세에서 90세를 말하는데, First Period와 Second Period를 통해 얻은 이론과 실제 경험을 바탕으로 깨달은 가치를 전하며 사는 시기다. 'Fourth Period'는 91세부터 이 세상을 떠나는 시기를 말한다. 인생을 정리하고 마무리하며 후손들에게 지혜를 남기는 시기다. 이 이론에 당황스럽기도 할 것이다. 왜냐하면 여전히 우리는 내가 100세 시대의 주인공인지, 인지가 안 되고 있기 때문이다. 더불어 '퇴직 후에 되는대로 살다가 가는 거지, 뭘 이렇게까지?'라고 생각할 수도 있다. 동의여부는 이 책이 끝날 때 판단하라.

　　1980년대만 해도 우리나라의 평균수명은 남자 70세, 여자 77세였다. 퇴직 후 바로 노년으로 들어가서 그동안 벌어놓은 자산으로 10-20년 정도만 살다가 삶을 마감하는 것이 흔한 직장인들의 모습이었다. 그런데 지금은 기준이 바뀌었다. 현재 은퇴연령이 평균 53세라고 하는데 90세 수명을 기준으로 보면 최소한 37년, 100세 기준으로 보면 무려 47년을 은퇴 후에 더 살게 된다. 길게 잡아 30년을 직장에서 열심히 번다고 가정했을 때, 그것으로 40-50년간 남은 인생을 살아야 한다. 더 큰 문제는 오늘날 우리의 세대가 이 큰 변화의 선두에 서 있다는 것이다. 전무후무한 변화 앞에 무방비 상태로 말이다. 그렇다면 100세 시대에 우리에게 예상되는 리스크(risk)는 어떠한 것들이 있을까? 어떤 리스크가 기다리기에 우리는 지금부터 당장 서드 피리어드를 준비해야 한다고 하는가?

　　캐나다 퀸스대학에서 철학을 가르치는 크리스틴 오버롤은 자신의 저서 「평균수명 120세 축복인가 재앙인가」에서 총 4가지로

요약하여 말한다. 첫째는 돈 없이 오래 살 때(無錢長壽), 둘째는 아프며 오래 살 때(有病長壽), 셋째는 일 없이 오래 살 때(無業長壽), 넷째는 혼자되어 오래 살 때(獨居長壽)다. 사실 2005년도에 이 책이 번역되어 출간되었을 때만 해도 많은 사람들은 꿈같은 이야기라고 여겼다. 하지만 오늘은 어떠한가? 더 이상 '너'의 리스크가 아닌 '나'의 리스크로 우리 앞에 놓여있지 않은가? 크리스틴 오버롤이 말한 100세 시대에 예상되는 4가지 리스크를 좀 더 자세히 살펴보자.

첫째는 경제적인 리스크다. 앞서 말했듯이, 100세 시대를 기준으로 하면 30년을 벌어서 남은 40-50년을 먹고 살아야 한다. 은퇴관련 보도에 따르면, 노후생활을 위해서는 최소한 10억 원 이상의 은퇴자금이 필요하다고 한다. 하지만 오늘날 직장인 퇴직금이 아무리 많아야 약 3억 원을 넘기 어려운 게 현실이다. 다시 말해, 노후생활을 위한 자금에는 턱없이 부족하다.

둘째는 건강 리스크다. 현재 한국인의 건강수명은 평균 71세다. 건강수명이란 큰 질병 없이 건강히 활동하면서 지내는 수명을 말한다. 건강수명을 평균 80세로 보았을 때, 10년 정도는 병치레를 하면서 지낸다는 의미다.

셋째는 일자리 리스크다. 예전에는 직장이라고 하면 평생직장이라는 개념이었다. 다시 말해, 직장을 구하면 정년 때까지는 어렵지 않게 다녔다. 하지만 이제는 일자리가 점점 사라지고 있고, 과거 제조업 형태의 일자리는 인공지능으로 무장한 기계로 빠르게 대체되어 가고 있다. 즉, 직장수명이 평균 10여년에 불과한 게 현실이다. 이는 우리가 일생동안 5-6개 정도의 업(業)을 하게 될 것이라는 결과가 나온다.

넷째는 관계 리스크다. 은퇴 후 외롭게 지내는 직장인들이 너무나 많다. 현업에 있을 때에는 많은 인맥을 자랑하던 사람들도 퇴직 후에는 관계가 소원해지거나 몇몇 친한 지인들을 제외하고는 관계가 끊어지는 경우가 많다. 외로움이 또 하나의 사회문제로 대두되고 있다.

그런데 위의 4가지 리스크 중 한 가지 리스크가 나머지 세 가지 리스크를 모두 해결할 수 있는 실마리를 가지고 있다. 그것은 바로 '일자리 리스크'(업)이다. 일을 하면 버는 돈의 양은 개인에 따라 차등이 있겠지만, 무엇보다 고정수입이 생긴다. 그리고 규칙적으로 활동을 하게 되니 건강 유지에 많은 도움이 되며 일을 할 때 사람과 소통을 하니 관계가 좋아져서 덜 외롭게 된다. 즉 일자리 리스크를 해결하면 경제·건강·관계의 리스크가 모두 한 번에 해결되는 것이다.

　우리는 지금부터라도 당장 100세 시대에 맞게 인생을 재설계해야 한다. 호모헌드레드 시대가 더 이상은 미래의 일이 아닌 우리의 현실이 되었다. 당신은 빠르게 변화하는 현실을, 마치 달리는 버스 안에서 창밖을 바라볼 때의 풍경처럼 아무런 대응 없이 그저 멍하니 바라만 보고 있겠는가? 선택은 당신의 몫이며, 그에 대한 책임도 당신의 몫이다.

THIRD PERIOD

02

4차 산업혁명 시대를 대비하는 길

"농경 시대는 종교가 권력을 갖고, 산업 시대는 국가가, 정보화 시대는 기업이 그리고 인공지능 시대에는 SNS로 무장한 똑똑한 개개인이 권력을 가진다."

- 제롬 글렌(Jerome Glenn)

지난 2016년 3월, 전 세계인의 이목을 끌었던 구글 딥마인드의 알파고와 이세돌의 바둑대결은 인간이 우세할 거라는 세계의 기대와는 달리 인공지능의 승리로 끝났다. 이는 우리 사회 전반에 '알파고 쇼크'를 가져왔고, 더불어 정보화 시대에서 인공지능 시대로의 전환을 의미하는 하나의 상징적인 사건이 되었다. 이뿐만이 아니다. '4차 산업혁명'이란 용어가 알파고 이후 한국 사회를 뒤흔들게 되었다. 정부정책과 기업정책도, 일간지와 서점가에도 연일 4차 산업혁명이란 단어가 오르내리고 있다.

4차 산업혁명이라는 말은 2016년 세계경제포럼(WEF·다보스포럼)에서 클라우스 슈밥(Klaus Schwab) 박사에 의해 처음으로 언급되었다. 그는 2012년에 나온 독일의 '인더스트리 4.0'(제조업 성장 전략) 정책에서 힌트를 얻어 4차 산업혁명의 도래를 주장했다. "우리는 지금까지 우리가 살아왔고 일하고 있던 삶의 방식을 뿌리부터 바꿀 기술 혁명 직전에 와 있습니다. '4차 산업혁명'(Fourth Industrial Revolution)은 그 속도와 파급 효과 측면에서 이전의 혁명과 비교도 안 될 정도로 빠르고 광범위하게 일어날 것입니다." 결론적으로 이 포럼에서 내린 4차 산업혁명의 정의는 바로 '모든 것이 연결되고, 보다 지능적인 사회'라는 것이다.

무엇보다 사람들이 4차 산업혁명에 큰 관심을 갖게 된 것은, 이 새로운 혁명이 미래의 일자리에 엄청난 영향을 미친다고 알려지면서다. 세계경제포럼에서 발표한 「미래고용보고서」에 의하면, '로봇과 인공지능(AI) 활용이 확산되면서 앞으로 5년간(2015-2020년) 전 세계에서 일자리 710만개가 사라지고 200만개의 새로운 일자리 생길 것'이라고 한다. 결국 약 500만개의 일자리가 사라진다는 의미다. 이는 충격적인 소식이 아닐 수 없다. 1-3차 산업혁명을 거치면서 기계가 인간의 손과 발을 대체했다면, 4차 산업혁명은 기계가 인간의 두뇌를 대체한다는 것이다. 그렇다면 어떤 일자리가 살아남을까?

차두원은 자신의 저서「잡 킬러」에서 인간만이 할 수 있는 지속가능한 일자리에 대해 다음과 같이 정의한다. "첫째는 창의성과 기획력이 요구되고 새로운 가치를 창출하는 직업군이다. 둘째는 대인관계가 필요한 직업으로 사람간의 의사소통이 빈번해 높은 사회적 지능과 정서적 교감 능력이 중요한 직업군이다. 셋째는 업무가 비정형적이고 고도의 손재주가 필요한 기능으로, 이는 인공지능과 로봇보다 인간이 우수하다. 넷째는 문제해결 능력이다. 관리직 및 전문직의 업무에서 요구되는 문제해결 능력, 포괄적 시각, 판단력 등을 대신할 수 있는 완벽한 인공지능의 개발이 어렵다. 때문에 통찰력, 전략적 사고, 직관력 등을 통해 판단해야 하는 경영인 등의 직업군은 계속 존재한다." 우리 각자의 직업군은 과연 지속 가능한 일자리인가?

> "맥킨지 글로벌 연구소의 최근 보고서에 의하면, 데이터 수집, 처리와 예측 업무에 관련된 일자리는 자동화될 가능성이 높다. 이와 대조적으로 자동화되기 어려운 전문 일

자리는 의사결정, 계획, 인간의 상호작용, 창조성과 관련
된 업무 등이다. 따라서 혁신이나 창조 분야에서는 인간
이 계속 기계를 능가한다."

- 「세계미래보고서 2055」(박영숙, 제롬 글렌 공저)

박영숙 유엔미래포럼 대표는 "2030년에는 첨단기술과 인공
지능 시스템으로 의식주·교육·의료가 무료화 되고, 인간이 하는
일의 대부분이 로봇으로 대체되면서 일을 할 필요가 없는 시대가
온다"고 한다. 일자리의 개념이 근본적으로 바뀌게 되며, 누구든
지 직접 아이디어를 만들어 창의성을 발현하는 '1인 기업(Maker)
시대'가 열리게 될 것이라고 전망하는 것이다. 아울러 그녀의 책
「세계미래보고서 2055」에서는 정규직은 사라지고 인류의 절반은
프리랜서가 된다고 한다.

클라우스 슈밥은 "4차 산업혁명이 우리에게 쓰나미처럼 밀려
올 것이다"라고 말한다. 당신은 쓰나미의 희생자가 될 것인가, 아
니면 쓰나미를 타고 넘어 미래의 기회를 잡을 것인가? 4차 산업혁
명 시대, 즉 메이커 시대는 우리 각자가 삶의 주인이 되기를 요구
한다. 우리는 생존해야 한다. 그건 오늘부터 당신이 어떻게 준비
해 나아가는지에 따라 확연히 달라질 것이다.

"우리는 다음 10년 동안 지난 100년간 이루어진 것보다 더 많은 발전을 경험하게 된다."

- 「세계미래보고서 2055」(박영숙, 제롬 글렌 공저)

THIRD PERIOD

빨리 퇴직하지만, '오랫동안' 은퇴할 수 없는 사회

가수 이애란을 아는가? 이 가수는 얼마 전, '백세인생'이란 성인가요로 유명세를 얻은 분이다. 그녀는 무려 25년간의 무명생활을 극복하고 50대 초반에서야 전성기를 맞이했다. 이 분 뿐만이 아니다. 요즘 80세를 넘어서도 젊은 사람들 못지않게 왕성하게 사회 활동을 하는 분들이 많다.

우리나라 1세대 철학자이자 수필가인 김형석 명예교수는 97세의 나이에 「백년을 살아보니」라는 책을 출간하고, 현재 왕성하게 강연활동을 하고 있다. 이 분이 한 말씀 중에 인상적인 부분을 잠시 소개한다. "정신적 성장과 인간적 성숙은 한계가 없다. 노력만 한다면 75세까지는 성장이 가능하다고 생각한다. 나도 60이 되기 전에는 모든 면에서 미숙했다는 사실을 인정하고 있다. 나와 내 가까운 친구들은 오래전부터 인생의 황금기는 60-75세 사이라고 믿고 있다." 예전에는 단지 건강하게 오래 살기만 해도 많은 사람들이 만족했었다. 그만큼 장수하는 분들이 적었기 때문이다. 그러나 이제는 호모헌드레드 시대! 장수는 분명한 축복이나, 인생이 길어진 만큼 그에 필요한 재원의 준비는 부담이 아닐 수 없다.

    과거에 퇴직은 은퇴를 의미했다. 과거 평균수명도 길지 않았기에, 사실 60세에 퇴직이 은퇴를 의미했고 바로 노후로 돌입했다. 굳이 자기계발이고 뭐고 할 필요가 없었다. 그러나 지금은 직장인들이 오래 일하고 싶어도 오래 일할 수 없는 현실에 처해있다. 취업포털 〈잡코리아〉가 2016년 남녀 직장인 1,405명을 대상으로 체감 퇴직연령에 대해 조사를 실시한 결과, 남녀 직장인이 예상하는 본인의 퇴직연령은 평균 50.9세인 것으로 조사됐다. 성별로 보면 남자는 51.7세, 여자는 49.9세다. 2016년의 평균수명을 81세로 보고 계산하더라도 30년 이상은 살게 된다는 결론이 나온다. 100세를 산다고 가정하면, 직장퇴직 후에도 50년을 산다. 상당한 부를 축적하지 않는 이상, 일을 하지 않고는 살 수 없는 현실이 되었다. 한마디로 퇴직은 빨리하지만, 은퇴는 오랫동안 할 수 없는 사회가 되었다.

최근에는 베이비붐 세대(1955-1963년 사이에 출생한 세대)가 퇴직하기 시작했다. 이는 경제활동 인구의 약 20%에 해당하며, 무려 700만 명이 2020년까지 모두 퇴직한다는 것을 의미한다. 그런데 보건복지부 설문조사에 따르면, 이들 중 은퇴 준비가 제대로 되어있는 사람은 겨우 2.2%에 불과하다고 한다. 그리고 재산의 대부분은 현재 살고 있는 집뿐인 경우가 다반사다. 베이비붐 세대 역시 퇴직은 했지만 은퇴는 할 수 없는 상황이다. 전국 주요 도시에서 실버취업박람회가 10년 이상 정기적으로 열리고 있다. 취업 경쟁률이 대학생 취업경쟁률 못지않다.

우리는 '퇴직 후 일자리를 바로 구하면 되지. 아파트 경비라도 하면 되지 않겠어?'라고 생각한다. 하지만 현실은 아파트 경비원 자리마저도 구하기가 어렵다. 대학을 갓 졸업한 취업준비생들도 직장을 구하기 어려운 현실에, 퇴직자가 구직한다는 것은 참으로 어려운 일이다. '창업을 하면 되지 않을까?'라고 생각할 수도 있다. 물론 오늘날 많은 퇴직자들이 퇴직 후 퇴직금으로 치킨가게 등 창업전선에 무작정 뛰어든다. 그러나 이 또한 성공률이 극히 낮은 게 현실이다. 그나마 있던 퇴직금을 모두 날린 채 말이다.

시골에 친한 후배가 있다. 그는 한참 치킨가게를 운영하며 열심히 살았는데, 잘 되던 치킨가게가 조류독감의 여파로 하루아침에 접을 수밖에 없었다. 다시 작은 카페를 차려 밤낮없이 열심히 생활했다. 그러나 경험이 부족했던 후배는 카페를 잘 운영해보려는 수많은 노력에도 불구하고 쉽지 않았다. 무엇보다 충분한 준비를 하지 못하고, 단지 유행을 쫓아서 시작했던 사업이라 고객관리 등 여러 가지 면에서 부족했다. 결국 카페마저도 망해 더 이상 아무런 일도 못하고 있는 상태에 놓였다. 나는 아직도 그때 당시 후배와 전화통화 했던 기억이 생생하다. "너 요즘 어떻게 지내? 뭐하고 사니?"라고 안부를 물으니, "형님, 저 PC방에서 인터넷 바둑을 두고 있습니다. 허허허!"라며 씁쓸하게 웃던 후배를 말이다.

당신은 구직이 어려운 현실에서 퇴직 후 주어지는 30년, 길게는 50년의 세월을 어떻게 보낼 것인가? 수입이 없는 상태에서 월 200만 원 이상 소요되는 생활비용을 어떻게 충당할 것인가! 퇴직금 등 재테크해 놓은 돈이 있다고 하더라도, 30년 이상 남은 세월을 버티기에는 턱없이 부족하다. 때문에 준비되지 않은 상태의 은퇴는 머지않아 극빈층으로 전락함을 의미한다. 그러므로 퇴직 후에도 현역으로 계속 뛸 수 있는 능력의 계발이 절실한 게 오늘날 우리의 상황이다.

100세 시대, 서드 피리어드를 준비할 수 있는 가장 최적의 시간은 정신적으로나 경험적으로 성숙한 30-40대다. 때문에 무엇보다 30-40대에 꾸준한 자기관리와 노력은 필수다. 인생을 바꿀만한 자기계발은 기본적으로 많은 시간이 요구된다. 단지 1-2년 내에 성취되지는 않는다. '1만 시간의 법칙'이 말해주듯, 매일 꾸준히 일정 시간의 수련이 필요하다. 이 시기를 놓치면 더 많은 시간과 시행착오를 겪게 된다. 늦어지면 늦어질수록 체력적으로나 정신적으로 안정감 있게 자기계발을 할 수 없다. 결국 포기할 수밖에 없는 상황이 된다. 그러므로 주저하지 말라. 지금이 바로 서드 피리어드를 위해 준비할 최적의 시기다.

THIRD PERIOD

04

평생직장은 없지만, 평생업은 있다

20대를 만나면, "들어갈 직장이 없다"고 말한다. 30대를 만나면, "이 길이 나의 길이 아니다"고 말한다. 40대를 만나면, "직장 다닐 날이 며칠 안 남았다"고 말한다. 50대를 만나면, "아직 더 일할 수 있다"고 말한다. 우스갯소리 같지만, 꽤 공감되는 이야기다.

누군가가 주변인에게 "평생직장을 갖고 싶은데 어떻게 하면 되죠?"라고 묻는다면, 불과 얼마 전만해도 "공무원 시험이나 임용고시 보세요"라는 대답을 들었을 것이다. 하지만 이렇게 선망의 대상이었던 공무원과 교사도 정년이 각각 60세와 62세다. 직업선호도 1위인 공무원이라고 해봐야 그 기간이 겨우 30년 정도다. 평생직장이라는 단어 자체가 어색하게 들릴 정도다. 신의 직장이라고 하는 공무원도 결국 100세 시대에 살아남기 위해서는 새로운 30-40년을 준비해야 한다. 그러니 일반 직장인은 말할 나위조차 없다. 이것이 바로 우리가 평생업이 될 수 있는 역량을 지속적으로 계발하고 찾아야 하는 이유다. 평생직장에서 평생업으로의 일자리에 대한 패러다임의 전환이 필요하다. 근본적으로 상황이 바뀌었다.

그렇다면 지금 당장 직장을 그만두고 평생업이 될 만한 일을 찾으란 말인가? 찾는 게 아니라 나 자신을 평생 현역형 스타일로 체질 자체를 바꾸라는 것이다. 이렇게 체질을 바꾸게 되면, 세상을 보는 관점뿐만 아니라 지금 내가 하고 있는 일이 예전과는 전혀 다르게 다가온다. 현재 자신이 하고 있는 일과 직장에 더욱 충실해지고, 직장에서 하는 업무 중 무엇이 앞으로도 지속적인 활용이 가능한가를 생각하게 된다. 몇 개월이면 된다는 자격증 위주의 자기계발과는 차원이 다르다. 즉 평생 현역의 관점에서 현재의 본업인 자신의 일을 충실히 하며 잘 살펴보는 게 중요하다.

자기계발의 최적의 장소는 직장, 현업임을 잊지 말자. 그동안 직장생활에서 지내왔던 시간은 결코 버려진 시간이 아니다. 자신의 직무를 통해 자신의 적성과 강점이 무엇인지 임상실험을 했던,

그리고 검증을 했던 소중한 시간이다. 아직까지 직장들은 자기계발을 외국어 공부와 자격증에 국한되게 생각하는 경우가 많다. 하지만 진정한 자기계발이란 그렇지 않다. 또한 직장생활 가운데 그냥 현업으로만 매일 반복된 일을 하는게 아니라 전문성을 가지려고 노력하자. 내게 주어진 업무가 회사 내에서만 국한되지 않고 널리 통용될 수 있는 업무인가 생각해보자. 사내외 교육, 온라인 교육, 그리고 인터넷 커뮤니티를 통한 자신의 전문성을 강화할 수 있는 기회가 많이 있다. 충분히 활용해서 현업을 전문가 수준으로 끌어올려보자.

현재 나는 통신관련 영업을 하고 있다. 때문에 업무상 여러 업종에 있는 분들과 직·간접적으로 접촉할 수 있는 기회가 많다. 그런데 중요한 것은 고객을 방문하고 만나는 과정에서 사람을 대하는 감성부분이 실적에 큰 영향을 끼친다는 것을 알게 되었다. 아무리 인공지능과 로봇이 인간의 일자리를 대체한다고 하더라도, 인간의 감성부분은 대체될 수 없으리라 생각한다. 이처럼 당신도 본인의 직무 중에서 특별하거나 좋아하는 일들을 세부적으로 살펴보라. 그러면 언제 어디서나 적용이 될 수 있는 평생업의 장점을 찾게 될 것이다. 그리고 일단 찾은 부분은 반드시 독서나 교육의 기회를 활용해서 계속 보완하고 계발하라. 직종마다 다르겠지만, 최근에는 사내외 교육프로그램이 잘 되어 있다. 이렇게 전문가들의 조언을 듣고 교육을 통해 보완해 나가면, 평생 현역으로 살 수 있는 역량을 자연스럽게 계발하게 된다.

'Hobby to Job 족'이 있다. 전문성을 가진 취미를 평생업으로 만들어 수익을 창출하는 이들을 가리키는 말이다. 당신의 취미나 업무 외 특기를 업그레이드 시켜보라. 좋아하는 취미가 나중에 돈 버는 평생업이 될 수 있다. 건전하게 여가생활도 하면서 자기계발도 되는 일석이조의 효과이니 얼마나 좋은가! 자신이 좋아하는 일이니 조금만 더 관심을 가지면 준전문가 수준의 기량을 갖추는 건 시간문제일 뿐이다.

학창시설 같이 공부했던 친구는 애완견을 무척이나 좋아했다. 쉬는 날이면 대부분의 시간을 애완견과 같이 보냈다. 공원도 산책하고 쇼핑도 하며 하루 종일 애완견과 지냈다. 어느 날은 기분이 너무 우울해 보여서 왜 그러냐고 물어보면, 한 동안 대답을 주저하더니 자신의 애완견이 아파서라고 대답할 정도였다. 또한 2박3일간 친구들끼리 놀러갈 기회가 있었는데, 그 친구는 결국 애완견을 돌봐줄 사람을 찾지 못해 그 여행에 참석하지 못했다. 십수 년이 지난 후, 최근 그 친구의 소식을 들어보니 애견샵을 하며 지낸다는 것이었다. 그동안의 풍부한 노하우로 고정고객도 많이 생겨 사업이 꽤 잘 된다고 한다.

생의 한가운데 있는 대부분의 직장인들은 은퇴가 아닌 퇴직을 맞이하게 되는 시대에 살고 있다. 더불어 퇴직을 바로 앞둔 직장인들은 한결같이 하는 말이 있다. 바로 '막막하다!'이다. 당신은 퇴직 후 30-40년을 어떻게 살아갈 것인가? 30-40대 직장인들은 앞으로의 생존을 위해서 평생직장이 아닌 평생업의 관점에서 살겠다는 생각의 전환이 필요하다. 프레임이 바뀌면 세상을 보는 눈이 근본적으로 바뀌게 된다. 직장도 업의 관점에서 더욱더 충실하면, 현재 하고 있는 일에서 평생업으로 연결할 수 있는 요소를 찾게 될 것이다. 당신이 정말 잘 하는 게 무엇인지, 좋아하는 게 무엇인지, 오랫동안 흥미를 느끼고 즐겨온 취미는 무엇인지를 돌아보라. 그리고 당신이 지금 당장 갑자기 퇴직하게 된다면 무슨 일을 하고 싶은지도 생각해보라.

THIRD PERIOD
05

개인의 지식과 경험이 자본이 되는 시대가 오고 있다

 겨울에 내리는 수많은 눈의 결정 중 같은 것이 하나도 없다. 하물며 우리는 사람인데 자신만의 고유한 성격과 개성이 없겠는가? 사람마다 살아오면서 저마다의 독특한 경험과 지식을 가지고 있다. 다가오는 시대는 우리의 개성과 경험, 특히 직접 경험함으로써 체득한 고유한 지식이 자산이 되는 시대다. 개인의 스토리가 전략이 되고 상품이 되며 평생업으로 성장 가능하다는 이야기다.

 오늘날에는 페이스북, 카카오스토리, 인스타그램 등 SNS가 대중화 되면서 각자의 개성을 마음껏 표현하고 펼칠 수 있는 시대가 되었다. 개인이 가지고 있는 개성을 주변 지인뿐만 아니라 마음만 먹으면 전 세계로 공유할 수 있는 시대가 된 것이다. 실제로 많은 사람들이 인터넷 방송이라든지, 유투브 등의 매체를 통해서 자신만의 콘텐츠를 만들어 공유하고 있다. 개인의 영향력은 커지고, 대중매체의 영향력은 그 만큼 축소되어가고 있다. 본인이 좋아하지 않는 정보는 대중매체라 하더라도 굳이 선택하여 볼 필요가 없는 시대다.

과거 산업화 시대에서는 노동력과 자본이 핵심자원이었으나, 지식기반 사회에서는 사람의 지식과 경험이 핵심자원이다. 기술은 저렴해지고, 지식은 비싸졌다. 왜냐하면 기술의 발달로 인해 첨단 기술로의 접근이 저비용으로 가능해졌기 때문이다. 반면 사람이 소유한 지식과 경험은 생산성과 혁신에 연결 되면서 제품 자체가 아닌 제품이 지닌 본질적인 서비스를 만들어 다양한 가치를 창조하게 되었다. 최재천 교수는 한 강연에서 "미래세대는 일생동안 3개 이상의 영역에서 5개 이상의 직업을 갖고 19개 이상의 서로 다른 직무를 경험하게 될 것이다"라고 말했다. 결국 우리 개개인이 지식기반 사회에서 살아남기 위해서는 달라진 환경에 신속히 발을 맞추고 빠르게 적응해야 한다.

개인이 가지고 있는 지식을 자본화하기 위해서는, 지식에 대한 이해가 필요하다. 지식에는 크게 암묵지와 형식지가 있다는데,

우리는 자세히 살펴볼 필요가 있다.

암묵지(暗默知, Tacit knowledge)란 학습과 체험을 통해 개인에게 습득되어 있지만 겉으로 드러나지 않는 상태의 지식을 말한다. 다시 말해, 암묵지는 강의를 듣거나 배워서 아는 지식이 아니라 본인이 직장 내에서 업무수행 중이나 취미 또는 작품 활동 등을 통해 직접 경험함으로 체득한 지식이다. 오랜 시간 많은 시행과 착오를 겪으며 체득되어진 것을 말한다. 때문에 암묵지는 본인만 알고 있는 지식이며, 우리는 이것을 '노하우'라고도 부른다. 따라서 암묵지는 여러 사람과 공유하기가 어렵다.

반면 형식지(形式知, Explicit knowledge)는 문서나 매뉴얼처럼 외부로 표출되어 있어서 여러 사람과 공유할 수 있는 지식을 말한다. 표준화된 언어로 혹은 책으로 되어 있어서 여러 사람에게 전수도 용이하고 누구나 따라 배우기도 쉽다.

개인의 지식과 경험이 자본화 되는 시대에서는, 이 두 가지 지식 중 직접 경험을 통해 체득한 암묵지에 주목해야 한다. 이 암묵지가 나와 다른 사람을 구분 짓는 역할을 하기 때문이다. 암묵지는 그 사람이 가진 힘이고 매력이다. 사실 우리가 의식하지 않고 살아와서 인지하지 못했을 뿐, 모든 개인은 암묵지를 가지고 있다. 본인이 하고 있는 회사의 직무나 특기, 오랫동안 즐겨온 취미를 자세히 들여다보라. 나에게도 꽤 많은 암묵지가 쌓여있을 것이다. 그런데 문제는 이 암묵지를 어떻게 드러나게 할 수 있을까? 암묵지가 형식지의 형태로 전환되어 상품화 됐을 때, 퍼스널 브랜딩이 시작되고 우리는 이것을 통해 가치 있는 사람으로 평가된다.

개인의 지식과 경험이 자본화 되는 시대가 다가오고 있다. 의학기술의 발달로 인해 100세 시대가 도래했고, 바야흐로 일생에 80년은 일해야 되는 시대에 우리는 살고 있다. 지금 자라나는 청소년들은 일생동안에 5번 정도 직업을 바꾸게 될 것이라고 하는데, 하물며 당신은 최소한 2-3번 정도 업을 바꿀 가능성이 있다고 생각되지 않는가? 자기계발이 필요하다. 단, 기존의 자기계발 형태로는 어렵다. 평생업을 위한 자기계발, 4차 산업혁명 시대에 생존할 수 있는 자기계발이 필요하다. 암묵지를 형식지로 전환한 나만의 전문성을 가져야 한다.

THIRD PERIOD

06

풍요로운 삶을 위해서

"잘 먹고 잘 살자!"는 한때 우리 사회에 유행했던 웰빙(well-being)의 가장 한국적인 표현이다. 누구나 마음깊이 원하는 공통된 삶의 방향이기도 하다. 돈 걱정 크게 하지 않고 마음껏 문화생활을 누리면서, 계절에 따라 온 가족이 국내외 여행도 하는 삶을 누구나 꿈꾼다. 하지만 20대에는 시간은 많으나 돈이 없어 여행도, 취미생활도 원하는 만큼 하지 못한다. 20대 후반 혹은 30대 초반에 직장을 잡고서는 친구들과 문화생활도 하고 즐거운 삶을 보낼 수 있다. 물론 마음만 먹으면 나이에 관계없이 누구나 해외여행도 갈 수 있고 여가생활도 마음껏 할 수 있다. 하지만 무계획적이고 충동적인 소비의 결과는 불을 보듯 뻔하다. 돈 걱정하며 사는 고통스런 시간이 눈앞에 벌어지게 된다.

　나는 34세에 결혼을 했다. 그러나 첫 아이를 결혼 4년만인 38세에, 둘째는 41세에 낳았다. 아이들이 유치원에 다닐 때에는 재테크에 대해 그렇게까지 심각성을 느끼지 못했다. 하지만 어느 덧 아이들이 자라서 지금은 각각 초등학교 6학년과 3학년에 다닌다. 노후비용을 제외하고, 순수하게 자녀 교육과 결혼비용만 생각해도 가끔은 아찔한 생각이 든다. 늘어난 법정 정년 60세까지 노력으로, 또 운 좋게 다닌다고 하더라도 답이 나오질 않는다. 60세까지 직장에 다녀봐야 큰 아이가 대학교 4학년이고, 둘째 아이가 1학년이다. 이 아이들의 결혼비용까지 생각하면, 최소 70세까지는 현역으로 뛰어야 한다는 결론이 나온다. 내가 유별나게 자기계발에 관심을 가지고, 이렇게 책까지 쓰게 된 배경도 이러한 현실적인 깨달음에서 시작되었다.

　우리는 늘어난 기대수명 100세 시대를 눈앞에 두고 있다. 하지만 현실은 퇴직연령이 평균 53세다. 백세를 기준으로 했을 때, 무려 40년 이상의 노후 대비책이 필요하다. 예전에는 30년 벌어 20년 먹고 사는 시대였다. 때문에 퇴직 후에 여행도 다니며 소일거리를 하다가 65세에 경로우대증을 받고 손주들과 놀면서 10년쯤 살다가 세상과 작별했다. 하지만 이제는 30년 벌어서 최대 50

년을 먹고 살아야 한다. 100세 시대를 기쁘게만 생각할 수 없는, 축복이라고만 생각할 수 없는 이유다. 이에 우리는 재테크에 대해 생존을 위한 마인드의 변화가 필요하다.

통계청 자료에 의하면, 60세 이상 가구의 월평균 지출규모는 약 217만원인 것으로 나왔다. 55세에 퇴직해서 90세까지 산다고 가정하면, 그 계산은 다음과 같다.

> 217만원 × 12개월 × 35년 = 약 9억1천만 원

물가상승과 자녀 결혼비용 등을 제외하고, 순수하게 월평균 지출규모로 산출한 수치가 무려 9억 원인데, 여기에 나와 아내의 의료비를 조금만 고려한다면 노후자금은 최소한 10억은 있어야 한다는 결론이 나온다. 그러나 현실은 현재 직장인 10명중 4명만이 경제적인 측면에서 노후준비를 하고 있다고 한다. <잡코리아>가 직장인 950명을 대상으로 '직장인이 기대하는 노후생활'에 대해 설문조사를 했는데, 10명 중 6명은 노후준비를 전혀 하고 있지 않는 것으로 나타났다. 더 심각한 건, 퇴직을 눈앞에 둔 50대 이상의 직장인들도 은퇴 준비율이 49.2%로 절반 수준에도 못 미치는 것으로 나왔다. 우리는 서드 피리어드 설계를 지금부터 시작

해야 한다.

　먼저, 직장생활을 오래하는 것이 최고의 노후테크다. 요즘 직장생활과 병행하며 투자, 부동산, 경매 등 재테크에 열심인 직장인들이 많다. 그러나 그들도 결국 직장생활과 같은 안정적인 수입원의 확보가 있기에 가능하다. 무엇보다 안정된 수입원의 확보는 결국 투자를 통해 번 수익을 사용할 필요가 없게 한다. 차곡차곡 쌓아놓게 된다. 아울러 직장생활을 하면 국민연금과 퇴직연금 그리고 일부회사에서는 개인연금에 대한 지원도 함께 이루어진다. 얼마나 좋은가! 나와 직장생활을 같이했다가 퇴직이나 명예퇴직을 했던 선배 직장인들의 조언을 들어도 하나같이 직장생활을 오래하는 것이 최고라고 말한다. 드라마「미생」의 대사처럼, 회사가 전쟁터라고 한다면 밖은 지옥임을 잊지 말자.

　둘째, 평생 돈을 벌 수 있는 능력을 갖추자. 매월 단 1백만 원이라도 현금의 흐름을 만들어 가자는 의미다. 길어진 노후에 목돈보다도 가치 있는 것은 현금의 흐름을 만들어 낼 수 있는 능력이다. 물론 국민연금과 퇴직연금 그리고 개인연금이 있지만, 돈을 벌수 있는 즉 평생 현역으로 뛸 수 있는 능력은 연금 못지않게 매우 중요하다. 직장 내 업무의 특정 분야 또는 좋아하는 특기 분야를 찾아라. 그리고 사내외에서 객관적으로 '스페셜리스트'로 인정받을 수 있도록 전문적 역량을 갖추자. 특정 분야에 전문성을 갖추면 직장 내에서도 인정을 받을 수 있고, 퇴직 후에도 활용할 수 있는 당신 고유의 능력이 된다. 직장에 몸담고 있는 현재의 시기가 전문성을 계발할 수 있는 가장 최적의 시기다. 앞으로의 취업 사이클은 다음과 같이 바뀌게 될 것이다. 최소 80세까지는 현역으로 뛰어보자!

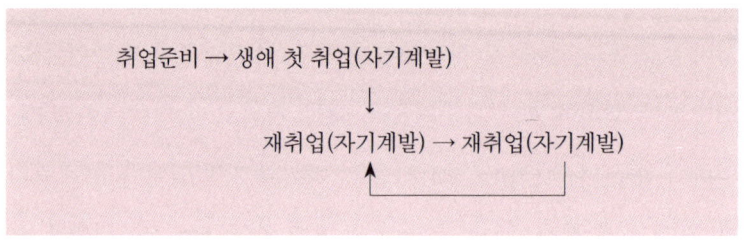

나의 특화된 분야 중 하나는 바로 어학이다. 혹 나를 어문학 전공자가 아니냐고 질문할 지 모르겠다. 그러나 나는 어문학과 전혀 관계가 없는 공과대학에서 기계공학을 전공했다. 그렇다고 학창시절에 어학에 취미가 있었던 것도 아니다. 대학 졸업이 다가오던 어느 날, 우연히 선택해서 시작했던 영어회화가 끈질기게 물고 늘어지는 나의 근성과 맞물려 오늘날 나의 인생에 큰 영향을 주게 된 것이다. 하루 30분씩 20년간 지속했더니, 이제는 웬만한 해외 MBA 출신보다 구사력이 뛰어나다는 평가를 받고 있다. 해외 유학파에게 쉽게 밀리지 않는다.

마지막으로, 평생 현역으로 뛸 수 있는 건강관리에 힘쓰자. 서드 피리어드를 위한 전문성을 확보하고 재테크도 충분히 했지만, 막상 건강을 잃어버리면 아무것도 할 수 없게 된다. 더불어 삶의 질이 가장 낮은 수준으로 떨어져 버리게 된다. 왜냐하면 건강을 잃어버리면 당장 경제적으로 문제가 되기 때문이다. 실제로 지난해 우리나라 노인의 의료비는 1인당 연간 평균 362만원으로 나타났다. 평생 의료비의 절반 이상은 대부분 노년에 쓴다고 한다. 이에 우리는 젊어서부터 건강관리를 철저히 해야 한다.

풍요로운 서드 피리어드의 삶을 위해 우리는 지금부터 준비해야 한다. 우리 모두 정말로 잘 먹고 행복하게 잘 살 수 있길 간절히 바란다.

··· 제2장

생존을 위한 자기계발의 필요성

THIRD PERIOD

01

내가 진정 원하는 삶은 무엇인가?

아주 오래전 이야기다. 하지만 아직도 생생하다. 대학입학학력고사가 있던 날 아침, 나는 일찍 일어나서 어머니와 함께 시험장으로 택시를 타고 이동했다. 혹시나 하는 생각에 택시 안에서도 문제집을 펼쳐보았다. 그리고 그 어떤 시험보다도 긴 시간을 보내고 시험장을 나오는데, 눈앞에 펼쳐진 세상이 너무나 달라 보였다. 아득한 터널을 빠져 나온듯한 기분이었다. 초등학교 시절부터 느꼈던 12년간의 압박으로부터 벗어나는 느낌이었다.

현실에서는 이처럼 해방감을 맛보기란 하늘의 별따기다. 우리의 인생길은 끊임없이 무언가에 끌려가는 듯, 미지의 길이 연속하여 나타나기 때문이다. 대학을 가고, 남자는 군대를 다녀와야 하며, 직장을 잡기까지의 험난한 여정이 우리 앞에 기다리고 있다. 비슷한 연배의 사람들이 물밀듯이 어딘가를 향해 밀려가고 밀려오는 느낌이다. 그러다가 어느 순간 개인의 스펙에 따라 그에 맞는 직장으로 도달한다. 그나마 들어갈 곳이 있으면 다행이다.

직장을 구하고 자리 잡기까지의 시기가 사람마다 조금씩 다르지만, 보통은 30대 초중반에 이르기까지는 정해놓은 궤도를 따라 살아간다. 태어나서부터 직장을 잡아 정착하는 시기까지 우리의 삶은 개인차가 없다. 왜냐하면 이 시기까지 삶의 기준은 나 스스로가 아닌 획일화된 세상이기 때문이다. 여기에서 '나'를 찾기란 쉽지 않다.

직장을 잡기까지 개인 플레이였다면, 직장생활에서는 무엇보다 팀워크가 우선시 된다. 팀 목표를 위해 팀원들이 서로 질서 있게 각자의 직무에 따라 일을 처리해 나간다. 5년 이상 이렇게 일을 배우고 처리해 나가면 제법 능숙해 진다. 그러면 많은 직장인들은 사춘기의 청소년들처럼 방황을 하게 된다. 같이 입사한 친구는 인정을 받고 승진을 하는데 본인은 승진을 못해 좌절하기도 하며, 입사 동기들 혹은 선후배들과 모여서 회사의 미래와 자신들의 미래에 대해 걱정하기도 한다. 때론 높은 위치에 있음에도 불구하고 매일 고생하는 부장님을 보면서 미래 나의 모습이 너무 뻔 하게 느껴져 업무에 대한 열의가 꺾이기도 한다.

제2의 사춘기를 맞이한 직장인들은 질풍노도의 청소년들처럼 근원적인 질문을 던진다. '과연 이 일이 나의 천직일까?', '평생 이 일을 하고 살면 행복할까?', '이 일을 통해 나의 가치를 실현할 수 있을까?'라고 말이다. 무엇보다 직장 대선배들의 현재 모습을 통해 미래 나의 모습을 상상하면서 큰 두려움을 느낀다. 한편으로는 오늘날 기업에 상시 구조조정이 보편화 되면서 정년퇴직 보장이 되지 않는다는 여건에 불안해하기도 한다. 더욱이 이제는 100세 시대다. 평균 80세 시대에도 60세까지는 큰 걱정없이 일을 했었는데, 하물며 이제는 100세 시대지만 아무리 열심히 일해도 53-55세까지 밖에 다닐 수 없다. 이제는 정말 자기계발을 해야만 살 수 있는 시대가 왔다. 스펙 위주의 자기계발이 아닌, 나 자신을 위한 진정한 자기계발이 절대적으로 필요한 시대인 것이다.

본격적인 자기계발에 앞서, 버킷리스트 100개를 작성하라. 버킷리스트를 작성하다 보면 내가 원하는 삶이 무엇인지, 진정 무엇을 하고 싶어 하는지를 알게 된다. 「프레임」의 저자로 유명한 최인철 교수는 "사람은 장기적인 관점으로 들어가면 저지른 일에 대한 후회보다는 '하지 못했던 일'에 대한 후회가 더 크게 다가온다"

라고 말한다. 즉 버킷리스트를 작성하다보면, 내가 하고 싶었는데 세상의 기준에 맞추어 살다보니 하지 못했던 것들이 자연스럽게 드러난다. 단기적으로 할 수 있는 인도여행이나 번지점프 등과 같은 것들을 제외하고, 장기적인 시간을 요하는 리스트들을 꼼꼼히 살펴보라. 그러면 예전부터 자신이 도전해 보고자 했던 일이나, 꿈을 자연스럽게 발견하게 될 것이다. 더불어 틈틈이 내가 하는 일에 '왜?'(Why)라는 질문을 던져보라. '내가 왜 이 일을 하지?'와 같은 질문을 통해 우리는 평생업을 찾는데 한 걸음 더 가까이 갈 수 있다. 뿐만 아니라 찾은 후에는 끊임없이 스스로에게 동기를 부여할 수 있는 원동력이 된다. 자기계발의 진정한 힘은 자신의 내면에서 나온다는 것을 기억하라.

나의 친구는 대학에서 전자공학을 전공하고, 석사와 박사 학위까지 취득했다. 그러나 결혼 후 미국으로 건너가서 한의학 공부를 시작하더니 결국에는 한의학으로 석사와 박사학위까지 다시 취득했다. 대학시절 자신의 건강 때문에 우연히 관심을 갖게 된 한의학이, 결국 본인의 적성과 재능에도 잘 맞아서 공학도에서 한의사로 변신해 새로운 삶을 살게 된 것이다. 진정 원하는 삶은 발견한다고 해서, 바로 살아지는 것이 아니다. 삶의 일부로, 직업으로서 발전하기까지에는 많은 시간이 소요된다. 평생업을 발견하는 자기계발에는 무엇이든 그 과정과 오랜 시간이 필요하다. 친구도 한의원을 개원하기까지 무려 10년 이상의 시간이 걸렸다. 다만 내가 만든 기준으로 살아가기에, 내 꿈을 이루어가는 과정이기에 어려운 상황도 스스로 동기부여를 통해 극복해 나갈 수 있는 것이다. 그러다보면 결국에는 꿈을 이루어 잘 살수 있게 된다. 30-40대는 진정 자신이 원하는 삶을 발견하는 시기라고 생각한다. 이미 세상의 기준으로도 살아봤고, 그에 따라 자기 자신을 검증도 해보았다. 이제는 이를 바탕으로, 내 기준으로 내 삶을 개척해보면 어떨까?

THIRD PERIOD
02

성공하는 삶이냐? VS 가치 있는 삶이냐?

"가치 있는 삶이란, 욕망을 충족시키는 삶이 아니라 의미를 채워가는 삶이다."

- 법정 스님

밤 11시, 핸드폰에서 진동이 울렸다. 문자가 온 것이다. 확인을 해보니, '그 어르신'이었다. 일주일 동안 꾸준히 문자가 왔다. 아내는 나에게 "여보, 당신 바람은 안 피는 것 같은데 도대체 누가 매일 밤 이렇게 문자를 보내는 거예요?"라고 물었다. 옆에 누워있던 아내가 며칠째 오는 문자에 신경이 쓰였나보다. 그 어르신…

2007년, 나는 수원에 있는 한 노인복지관에 어르신들을 대상으로 하는 휴대전화 사용법 강의를 주1회 나갔다. 휴대전화을 전화 받는 것과 거는 것밖에 사용할 줄 모르는 할아버지와 할머니가 나의 학생들이었다. "아들과 딸 그리고 손주들에게 문자를 주고받을 수 있었으면 좋겠어!"라며 온 어르신들의 눈은 초등학교에 갓 입학한 어린 학생들처럼 반짝반짝 빛났다. 그 어르신은 바로 이곳에서 만난 나의 학생인 할머님이다. "연습을 안 하면 금방 잊어버려요. 그러니 혹시 문자 보내실 곳이 마땅치 않으면 저에게라도 보내세요"라고 했는데, 그 후로 무려 1년간이나 문자를 받았던 것이다. 할머님의 열정에 감격할 뿐, 싫지는 않았다.

2007년에 사내에서 IT소외계층의 정보격차 해소를 위해 IT 분야 봉사활동을 전담하는 'IT서포터즈'라는 조직을 만들었다. 그리고 나는 이 IT전문봉사단에서 1년간 봉사할 수 있는 기회를 가졌다. 이 봉사는 나의 업무였지만, 월요일부터 금요일 외에도 필요에 따라서는 주말에도 일하였다. 봉사활동의 주요미션은 매주 관내 사회복지관은 물론, 청소년 쉼터와 저소득층 가정을 직접 방문해 디지털카메라와 핸드폰 또는 컴퓨터와 UCC 동영상 만드는 법 등을 가르쳐주는 것이었다. 지금 생각해보면, 봉사단 활동은 아내와 결혼하기로 결정했던 것만큼 잘한 선택이었다. 가르치는 것보다 오히려 내가 배우는 것이 훨씬 많았기 때문이다. 나는 봉사과정에서 많은 어르신들을 일대일로, 때로는 일대다수로 만나 교육을 했는데, 그때 어르신들은 나에게 인생에 피와 살이 되는 수많은 이야기들을 해 주셨다. 인생을 잘 준비해서 후회 없는 삶을 살라고 당부하는 어르신들도 있었고, 일도 중요하지만 가족을 잘 챙기라는 어르신들도 있었으며, 물질적으로 보이지 않는 소중한 가치들을 잘 간직하고 살라며 말씀하는 어르신들도 있었다. "이 나이 먹도록 살아보니, 소중한 것은 보이는 것보다 보이지 않는 것이 더 많이 있어"라며 말이다. 인생의 선배들 이야기는 책을 통해서 많이 접했지만, 이렇게 직접 옆에서 자연스럽게 정제되지 않은 언어로 들으니 마음속에 더욱 깊이 다가왔다.

우리의 봉사대상은 대부분 어르신들 있었지만, 때로는 불우한 청소년이나 초등학생이 되기도 했다. 이렇게 다양한 계층을 넘나들며 강의를 하다 보니, 나는 자연스럽게 어려운 내용을 쉽게 전달하는 능력과 더불어 다양한 연령층과 세대차 없이 편안하고 자연스럽게 소통하는 방법도 많이 향상되었다.

서드 피리어드를 위한 자기계발은 분명 우리가 사회의 첫발을 내딛고자 했던 스펙 위주의 자기계발과는 다르다. 자기계발 과정에서 차별성과 전문성을 구축함으로, 새로운 가치를 창출해 사람을 이롭게 하며 살 수 있다. 얼마나 가치 있는 삶인가! 그동안 쌓아온 전문성을 강화하여 다른 사람들에게 베푸는 삶, 의미 있고 보람된 일을 하다가 인생의 겨울을 맞이하는 것이 진정 가치 있는 삶이지 않을까?

> "성공한 사람이 되려고 노력하기보다 가치 있는 사람이 되려고 노력하라."
>
> - 알버트 아인슈타인(Albert Einstein)

THIRD PERIOD
03

진정한 창조적 한풀이 과정

"내가 못 배운 게 한이야. 너희들만은 잘 배워야 해." 자신이 못 배운 한을 자식들에게는 남기기 않겠다는 과거 부모님 세대의 절규다. 부모님 세대는 자기계발에 한이 맺혀있다. 그래서 자녀들에게 끔찍이도 교육을 시켰던 것은 아마도 대리만족 때문이라 해도 과언이 아닐 것이다. 그런데 대리만족만으로는, 그 못 배운 한을 결코 해결할 수 없다. 요즘 실버 배움이 한창인 모습을 보면 그렇다. 70세가 넘어서 검정고시를 보는 분, 영어간판을 못 읽은 게 한이 맺혀 영어공부를 하는 분들을 보면 말이다.

나는 수영을 배우지 못한 한이 하나 있었다. 직장생활을 시작하고 좀 지나 익숙해 질 무렵, 당시 싱글이었던 나는 주말이면 뭔가 새로운 것을 체험해보고 싶었다. 그러던 어느 날, 인터넷을 검색하다가 래프팅(Rafting)을 하는 사이트를 우연히 보게 되었다. 그 무렵 TV 광고에서 래프팅 하는 장면이 자주 나오고 해서인지 한 번 해볼까 하는 생각이 들었다. 자세히 살펴보니 단체미팅을 겸한 래프팅, 그리고 끝나 후에는 바베큐 파티도 하는 등 참 재미있게 보였다. "그래, 신청하고 보자" 하고 입금을 했다. 며칠 후, 약속장소인 신촌 전철역 앞에 가니 관광버스가 대기하고 있었다. 설레는 마음으로 버스에 올랐다. 약 40명 정도의 사람들이 이미 버스 안에 있었다. 살펴보니 절반 정도는 서로 아는 눈치였고, 나머지 절반은 나처럼 광고를 보고 처음 온 사람들이었다. 한탄강으로 이동하며 간단히 서로 소개하는 시간을 가졌다. 예상과는 달리 아쉽게도 남녀 비율이 맞지 않았다. 남자들이 좀 더 많았다.

드디어 한탄강에 도착했다. 버스에서 내려 간단히 옷을 갈아입고는 바로 래프팅을 하러 갔다. 약간의 두려움이 느껴졌다. 나는 수영을 전혀 못했기 때문이다. 조장의 안내를 따라 안전모와 구명조끼를 착용했는데, 구명조끼 상태가 좋지 않았다. 너무 딱 맞았다. 문제는 내가 가슴이나 배에 힘을 주면 조끼 버튼이 터질 듯했다. 충분한 구명조끼가 없어서 어쩔 수 없이 그 조끼를 입을 수밖에 없었다. 간단한 준비운동과 물에 빠졌을 때의 대처요령을 익힌 뒤 보트에 올랐다. 조장을 포함해서 총 9명이 한 보트에 탔다. 전날 때마침 비가 와서 래프팅 하기에 더할 나위 없는 물살이었다. 노를 저으며 나가가니 마냥 즐거웠다. 중간에 한 번 쉬고, 다시 하류로 내려갔다. 그때 우리 보트 조장이 갑자기 보트를 멈추어 세웠다. 그리고는 네 사람과 네 사람이 서로 마주보게 하고 보트 가장자리에 서게 했다. 이어서 서로 마주 손을 잡게 하더니 보트를 위아래로 흔들게 했다. 보트는 완전히 거꾸로 뒤집혔다. 보트에 탄 조원들은 구명조끼에 의지한 채, 물살을 따라 아래로 떠내려갔다.

'이건 내가 전혀 예상했던 게 아닌데…'라며 혼자 중얼 거렸지만 방법이 없었다. 구명조끼에 의지해 물에 떠내려갔다. 사실 수영을 전혀 못하는 나는 떠내려가는 내내 불안했다. 배영을 하듯이 누워서 발을 첨벙거리는데, 갑자기 불안감이 엄습했다. 머릿속에는 수많은 생각들이 오갔다. 도대체 조장은 우리를 언제 다시 보트에 태우는 거지? 난 수영도 못하는데… 그때 구명조끼 버튼하나가 '툭'하고 풀렸다. 순간 소름과 긴장이 내 몸을 감돌았다. 몸이 힘이 들어가니 점점 더 물에 몸이 잠겼다. 다른 버튼 하나 마저도 열리려고 했다. 나는 한 손으로 구명조끼 버튼 부위를 움켜잡았다. 마치 마지막 생명줄인 냥 간절하게 말이다. 이대로는 안 되겠는 생각이 들었다. 나는 소리를 지르려고 했다. 하지만 제대로 지를 수가 없었다. 이게 실제상황과는 전혀 달랐다. 분명하게 말을 할 수가 없었다. "살려주세요!"라고 외치고 싶었는데 "사~려~"라고 밖에 소리를 못 질렀다. 소리를 지를 때마다 얼굴이 물속으로 조금씩 밀려들어가서 더더욱 말하기가 힘들었다. 한 손은 위로 올리고, 다른 한 손은 구명조끼 버튼을 움켜쥐고 있었다. 다행히 저 멀리서 내가 탔던 보트가 내려오고 있었다. 보트 안에는 두 사람이 있었는데, 그 중 한 사람이 내가 물에 떠내려가는 꼴이 이상함을 감지했다. 황급히 노를 저어 내가 있는 쪽으로 다가와서 구해주었다. 조금만 늦었어도 위험할 뻔한 상황이었다.

그 때의 충격은 이루 말할 수 없었다. 사실 어렸을 적에 수영을 배울 수도 있었다. 어렸을 때 부모님이 염려한 나머지 물놀이 가는 것을 좋아하지 않았다. 매번 가려고 하면 올해 운수를 보니 물을 가까이 하지 말라고 나온다며 만류하셨다. 초등시절의 순진함으로, 부모님의 말씀에 따라 수영 배울 기회를 놓쳤다. 중학교와 고등학교 시절을 바쁘게 보내고, 대학생 때에도 몇 차례 배울 수 있었지만 의지부족으로 중간에 그만 두었다. 하지만 래프팅에서 죽을 뻔한 기억은 나에게 놀라운 의지와 정신력을 안겨주었다. '이제 나의 생존을 위해서라도 반드시 배워야 한다!'라는 생각이 번뜩 들었다. 그리고 수영 레슨을 바로 등록했다. 직장을 다니기에 새벽반이 가장 좋은 시간이었다. 매일 새벽 4시 반에 눈을 떴다. 당시 야행성이었던 나로서는 놀라운 변화였다. 매일 아침에 눈을 뜨며 나에게 한 말이 있다. "나는 나를 넘는다!" 한 달이 지나고, 두 달이 지나도 수영을 배우겠다는 열망은 꺾이지 않았다. 내 마음속에는 수영을 못 배웠던 게 한이었고, 이번에는 반드시 기필코 배운다고 다짐했다. 1년 이상의 시간을 꾸준히 투자하여 결국에는 자유영·배영·평영·접영까지 모두 섭렵하게 되었다.

나의 생존을 위한 첫 번째 자기계발은 이렇게 해서 목표를 달성 할 수 있었다. 당시 교대 근무하는 엔지니어였던 불규칙한 상황에서도 자기계발에 성공할 수 있었던 원동력은, 어렸을 때부터 배우려고 했지만 여건상 배우지 못했던 수영의 대한 나의 한과 물에 빠져 죽을 뻔한 아찔한 경험 때문이었다. 30-40대가 자기계발에 관심을 가지고 시작할 때, 어떤 것을 먼저 계발해야 할지 망설이게 된다. 그 경우, 나는 그동안 하고 싶어도 하지 못했던 일들을 정리해서 우선순위를 매겨 진행할 것을 권한다. 한에서 시작한 일들은 충분한 동기부여가 되기에 목표를 달성할 가능성이 굉장히 크다. 더불어 작은 성공의 경험이 축적되면, 자기 자신에 대한 신뢰가 커지고 자존감도 올라간다. 그래서 이후에 다른 자기계발을 했을 때에도 긍정적인 시너지 효과를 볼 수 있다.

크기와 정도의 차이는 있겠지만, 누구나 이런 가슴속에 응어

리처럼 남아 있는 자신만의 특별하고 고유한 '한'이 있기 마련이다. 이런 한의 에너지를 파괴적인 에너지가 아닌 창조적으로 승화시키자.

THIRD PERIOD

04

우리는 항상 자신의 존재가치를 찾으려 한다

"자, 올 한해도 수고했어요. 올 한해의 아쉬움 다 잊어버리고 새해에는 각자 절박함과 간절함을 가지고 존재감을 높일 수 있도록 열심히 삽시다." 연말이면 회사에서 상사들이 부하직원들에게 자주 하는 말 가운데 하나다.

'존재감'이라는 단어를 사전에서 찾아보니, '사람·사물·느낌 따위가 실제로 있다고 생각하는 느낌'이라고 나온다. 회사라는 곳에서는 아무래도 업무중심으로 돌아간다. 그 해의 매출목표를 중심으로 각 부서에는 분배받은 매출목표를 달성하기 위해, 각 팀에서는 팀장을 중심으로 팀원들과 합심하여 목표를 달성하기 위해

일사분란하게 돌아간다. 팀원 개개인의 능력도 중요하지만 대부분의 부서에선 전체적인 팀워크가 우선이다.

내가 다니던 회사에서도 구조조정으로 일부 직원들이 회사를 떠난 적이 있다. 평택에서 엔지니어로 근무할 때 정년까지 계실 줄 알았던 실장님 한 분도 사직서를 제출했다. 당시에 그 사실이 나에게 충격으로 다가왔다. 왜냐하면 정말 성실하셔서 정년까지 계실 줄 알았기 때문이다. 아내가 사업을 하고 있었는데 더 늦기 전에 도와서 사업을 확장할 예정이라고 했다. 그 분은 철두철미하고 통신시설에 대한 세세한 특성까지 너무나 잘 알고 있기에, 나는 그 분이 떠나면 업무가 마비될 줄 알았다. 하지만 초기에 시설 파악하는 시간이 지나자, 이전처럼 아무런 문제없이 회사는 잘 돌아갔다.

회사에서의 생존은 존재감과 밀접한 관련이 있다. 먼저 업무적인 측면에서 본다면 지금 하고 있는 업무에 대해서 얼마만큼 자신이 정통하고 있는가에 답을 얼마나 명확하게 할 수 있는 가가 핵심이다. 답은 명확하지만, 실제로는 어느 정도 수준 이상으로 깊게 알고 있는 분이 드문 게 사실이다. 업무처리를 편하게 할 정도까지의 업무지식은 습득하지만 대개의 경우 거기에서 멈춘다. 동일업무를 다른 부서의 직원과 비교했을 때 차별화가 생기지를 않는다. 그 경우 그저 담당업무자로 인식을 하지 존재감이 있는 직원으로까지는 인식이 안 된다. 자신의 업무를 세부적으로 나누어서 깊게 정리해서 소화할 필요가 있다.

인맥적인 측면도 업무진행에 있어서 중요한 요소이며, 실력의 한 부분이다. 나는 예전에 대형기업 고객을 상대로 영업을 한 적이 있다. 고객들에게 여러 가지 상품을 제안하고 판매했는데, 여러 부서의 협조를 수반하여 일처리를 한다. 왜냐하면 각 상품별로 처리하는 담당자가 다르기 때문이다. 물론 회사 내부 메신저를 이용해 담당자와 연락하여 업무처리가 가능하다. 하지만 긴급하게 우선되는 사항을 융통성 있게 처리하기 위해서는 회사 내 담당자와 직접 만나서 처리해야 할 경우가 있다. 그 경우는 기본적인 유대관계가 있을 때 플러스 알파요소가 된다.

또한 관리고객에 있어서 중요한 요소를 가진 사람(이하 키맨)과의 우호적이고 친밀한 관계는 영업사원에게 있어서 매우 중요한 부분이다. 영업을 안 해도 좋으니 키맨과의 친분을 잘 유지하라고 할 정도다. 1-2년은 영업실적보다 키맨과의 관계를 어떻게 하느냐가 장기적으로 실적에 더욱 큰 영향을 미친다. 섣불리 실적을 위주로 키맨 관리를 하다보면 소탐대실 하는 수가 많다. 작은 매출은 우리에게 주고, 큰 매출은 경쟁사에 넘겨주는 경우가 종종 있다. 이는 고객사 키맨을 상대로 우리 회사만 영업하는 것이 아니기 때문이다. 이처럼 영업하는 사람에게 있어서의 키맨과의 관계는 존재감을 확실히 심어줄 수 있는 매우 중요한 요소다. 10년 이상 영업을 하면서도 여전히 높은 실적을 유지하는 사람들의 비결을 들어보면, 이렇게 키맨과의 유대관계를 언급하는 분들이 대부분이다. 영업적인 측면에서 예를 들었지만, 다른 직무분야에서도 관계는 일처리를 프로답게 할 수 있는 초석이 된다.

이와 함께 존재감을 높일 수 있는 방법으로 독서가 있다. 나도 뒤늦게 독서의 중요성을 깨달아서 열심히 책을 읽고 있다. 투자대비 이 만큼 소득이 큰 게 없다. 우리나라 연평균 독서량은 9.2권(2013년 기준)이다. 한 달에 한 권도 안 읽은 셈이다. 더욱이 스마트폰의 확산으로 독서율은 더 떨어지고 있다. 이런 상황을 고려하면 요즘과 같은 시기에 업무 분야 및 좋아하는 분야의 책을 체계적으로 읽어 나간다면, 다른 사람과 확실히 차별화 되고 존재감을 높일 수 있는 좋은 무기가 될 것이다.

나의 선배 가운데도 독서 고수가 두 분 있다. 한 분은 부평역 앞에서 치과를 운영하고 있는 30년 지기 선배다. 30년 동안 문·사·철, 즉 문학·역사·철학관련 인문학 독서를 무려 4천권 가까이 읽었다. 어디를 가나, 어느 자리를 가나, 어느 분을 만나나, 어느 주제를 이야기 하나 막힘이 없다. 존재감이 너무 높아서 탈이 날 정도다. 또 다른 선배는 교육관련 도서만 3천권 이상 읽어서 교육 내용을 이야기하면 거의 TV 특강 수준의 내용이 거침없이 쏟아져 나온다. 단연 학원가에서는 단골초빙 강사다.

존재감에 관련된 고민은 요즘 직장인들뿐만 아니라 십대들도 고민하는 문제라고 한다. 그래서인지 존재감을 높이는 10가지 방법 또는 5가지 비결이라며 다양한 방법이 많이 나와 있지만, 오랫동안 유지되는 방법은 아니다. 사람을 몇 번 안 만났을 경우에는 통할 수 있지만, 오랫동안 유지될 수는 없다. 결국은 자기계발을 통한 존재감 향상이 정답이다. 자기계발을 통해서 고수가 될 수 있도록 하자. 좋은 일이 있으면 아무리 감추려 하더라도 얼굴에 드러나듯이, 내공을 쌓으면 아무리 감추려 해도 넘쳐나서 사람들이 자연스레 인지하기 시작한다. 가만히 있어도 존재감이 올라가게 된다.

THIRD PERIOD

05

이제부터 진짜 인생을
만들어 가는 거다

"그래, 지금까지 잘 왔다!" 내가 달려온 지난 시간, 정말 숨 가쁘게 달려온 시간이었다. 열심히 살아왔다. 철없던 유치원 시절을 지나 초등학교에 들어가며, 중학교와 고등학교 사춘기를 보내고 오직 대학진학을 위해 열심히 살았다. 대학에 들어가서는 잠깐의 낭만을 느낀 후 바로 군대에 갔고, 제대하고 나서는 다시 취업을 위해 영어공부도 하고 자격증도 열심히 따며 살았다. 이러한 노력으로 직장을 잡았다. 주변에서 축하해 주고 기뻐해 했다. 신출내기 신입사원 시절을 좀 보내고, 결혼도 하였다. 그리고 딸 둘의 아빠가 되었다.

이 땅에 사는 사람이라면 누구나 통과의례처럼 거치는 판에 박힌 듯한 인생여정이다. 우리는 동일한 목적지를 향해 달려가는 기차처럼 쉼 없이 지내왔다. 지금까지 정말 잘 달려왔다! 이제 좀 지나온 시간을 돌아볼 때도 된 것은 아닌가? 나 자신이 주체가 되어서 만들어온 인생의 길이라기보다는 주어진 길, 가야만 하는 길을 쉼 없이 달려왔다. 어느덧 30대를 넘어 40대가 되어가며, 혹은 40대를 넘어 50대를 향해간다. 우리의 삶이 직장과 가정을 다람쥐 쳇바퀴 돌듯이 왔다 갔다 하면서 생활비를 벌어주는 존재가 된 것은 아닌가 하는 생각도 때로는 든다. 이렇게 그냥 사는 건 아닌데 생각하면서도 현실에 파묻히다보면, 어느덧 또 하나의 밀린 숙제처럼 되어버린다.

상시적으로 있는 구조조정으로 인한 명퇴, 그리고 100세 시대로 늘어난 수명으로 무언가를 해야 되겠다는 생각은 있는데 행동으로 쉽게 옮기지를 못한다. 매해 신년마다 영어와 중국어 등 외국어 공부를 시작하고 헬스클럽도 등록하지만 근본적인 해결책은 아니다. 이것마저도 남들이 하는 자기계발 방식을 따라서 하는 것은 아닌가 하는 생각이 든다. 30-40대는 진짜 자신의 인생을 만들어 갈 수 있는 시기다. 자신의 강점을 바탕으로 자기계발을 할 수 있는 최적의 시기다. 지나간 세월은 그냥 흘러간 시기가 절대 아니다. 자신에 대해서 임상실험을 했던, 사연 많은 소중한 시기다. 조금만 자신을 들여다보고 공부하면, 자신이 정말 하고 싶어 하는 일을 찾을 수 있는 시기다. 그 정답이 지나간 수십 년의 세월에 숨겨져 있다.

마커스 버킹엄 저서 「위대한 나의 발견 강점혁명」에서 "어떤 직업이든 스스로 선택한 직업에서 성공을 거둔 사람들에게서 발견할 수 있는 공통점은, 바로 자신의 강점을 찾아내 자신의 일과 삶에 최대한 활용하는 능력을 지녔다는 점이다"라고 말한다. 자신을 돌아보며 자신의 강점을 발견해보자. 강점의 발견은 평생 현역을 위한 자기계발의 시작이다.

먼저, 내가 몸 담고 있는 직장 속에서 나의 강점을 발휘할 수 있는 업무는 무엇인지 찾아보라. 우리는 직장에서 일상의 대부분을 보낸다. 그리고 주어진 수많은 업무를 처리하고 있다. 그 업무를 지금부터 면밀히 살펴보라. 그 업무 가운데 자신의 취향에 맞고 탁월성을 발휘할 수 있는 직무는 없는지 말이다. 그리고 그 직무를 좀 더 효율적으로 할 수 있는 방향을 찾아보자. 개선의 여지는 없는지, 어떻게 하면 좀 더 효율적으로 일을 할 수 있는지 계속해서 스스로에게 질문하며 자기계발을 해 나가라.

또 한 가지 방향은, 그동안 살아오면서 정말 하고 싶어 했는데 주변여건상 하지 못했던 일 그리고 본인이 가장 잘하는 일과 좋아하는 일을 생각해보라. 아니면 오랫동안 흥미를 가지고 즐기며 취미생활을 했던 일을 떠올려보자. 그 과정에서 평생 현역으로 연결시킬 수 있는 자기계발 분야를 찾을 수도 있다. 중요한 점은 이렇게 찾은 자기계발 분야가 앞으로 비즈니스 전망을 고려해 볼 때에도 오랫동안 지속가능한 분야인지도 여러 가지 지식 책이나 인터넷 또는 전문가들을 통해서 확인해봐야 한다. 그렇게 검증되고 확인된 비즈니스화 될 수 있는 분야의 일을 평생업이 될 수 있도록 자기계발을 하는 것이다.

평생업을 위한 자기계발 과정에서 진정한 자신의 새로운 모습을 볼 수 있다. 평소에 느끼지 못했던 설렘, 일을 해도 지치지 않는 열정, 그리고 항상 깨어있는 의식 즉 '이렇게 사는 것이 정말 사는 것이구나!'라고 느끼게 된다. 일상의 수동적으로 주어진 일들은, 그 일들을 성공 및 완수해야지만 행복감을 느낄 수 있다. 하지만 이렇게 좋아하는 일을 발견해서 자기계발을 하면 성패의 여부가 아닌 그 과정이 그저 즐겁다. 콧노래가 나오며, 피곤해도 피곤한 줄 모르게 된다. 신바람 나는 것이다. 일과 취미의 경계가 사라진다. 한마디로, 일이 취미인 것이다.

100세 시대로 접어들면서 퇴직한 후에도 최소 30년 이상을 더 살 수 있게 되었다. 자기계발을 통해 평생업을 찾아 평생 현역의 길을 가는 사람들에게 있어서 100세 시대는 장밋빛 미래요 축복이다. 왜냐하면 인생 2막, 아니 3막까지도 충분히 즐기고 가치있게 살 수 있기 때문이다. 혹 인생 2막에서 잠시 부진했을지라도, 3막에서는 멋지게 반전을 할 수가 있다. 당신은 그렇게 살고 싶지 않는가? 이제 나의 인생을 다시 만들어 가보라.

THIRD PERIOD

06

제대로 준비하지 않는 자기계발은 밑 빠진 독에 물 붓기

"평소에는 안 막히는 길인데, 하필 오늘따라 왜 이리 막히지? 평소 30분이면 도착하는 길이 오늘은 2시간이나 걸렸잖아?" 모처럼 연말 가족모임으로 점심식사를 하고 돌아오는 길이었다. 운전 중 갈 길은 멀고 시간은 얼마 없는데 정체될 때 답답함과 짜증은 이루 말할 수 없다. 우리의 일상에서도 스스로는 새로워지고자 자기계발을 하고 노력을 하는데, 앞으로 나아가지 못하고 제자리를 맴돌 때가 종종 있다. 답답함을 많이 느낀다. 무기력감을 느끼고 심할 경우 자존감도 떨어진다.

나는 자기계발을 '자신이 목표한 인생의 목적지를 가는데 막히는 중간에 포기하지 않고, 멈추지도 않고 끝까지 달려가게 하는 힘이다'라고도 정의하고 싶다. 새해가 되면 많은 사람들이 한결같이 다짐을 한다. 올해는 자격증을 따겠다든지, 외국어를 마스터하겠다든지, 휘트니스 클럽에 등록해서 체력관리를 하겠다고 말이다. 하지만 작심삼일에 그치기 쉽다. 이처럼 지속이 안 되고 실패하는 이유를 살펴보면, 자기계발을 하는 명확한 이유와 동기가 부족해서다. 예를 들면, 자격증 공부를 막연히 따면 좋겠지 하고 시작하는 경우가 많다. 공인중개사 자격증을 취득해서 나중에 퇴직하면 부동산 중개업이나 해야지, 승진에 대비해서 토익시험이나 봐야지 등 이렇게 자격증 취득 및 점수 획득을 목적으로 공부하게 되면 제대로 공부가 안 된다.

나도 자기계발 초기 단계에서는 자격증 취득을 목표로 공부를 했었다. 6개월 혹은 1년마다 있는 시험 날짜를 기준으로 오직 시험위주의 공부만 하였다. 4-5년 치 기출문제를 거의 외우다시피 반복했다. 대부분의 자격증이 문제은행식으로 출제가 되니 합격을 위한 기준 점수까지는 단기간 집중하면 어렵지 않게 달성해서 자격증을 취득할 수 있었다. 문제는 이런 식으로 자기계발을 하면 시간은 많이 투자하는데, 실제로 자기계발은 제대로 안 된다는 것이다.

가장 힘들었던 것은 이해가 안 되는 부분을 억지로 외우고, 개념조차 제대로 잡히지 않았는데 기출문제와 정답위주로 억지로 공부하는 것이었다. 주변 동료들에게 그 당시 자주 했던 말은 "오로지 자격증 취득만을 위해 문제를 외우는 시간은 이성적인 인간이기를 거부하는 시간이다"였다. 이해되지 않는 부분을 억지로 외우고 문제와 답을 아무런 생각 없이 외우는 과정에서 나라는 건 존재할 필요가 없었다. 오직 문제와 답의 익숙함만이 존재할 뿐이었다. 나는 한낱 문제푸는 기계에 불과했다. 자격증을 취득해도, 그 자격증 관련해서 누가 물어보면 제대로 대답할 수 없는 경우도 있었다.

어학공부는 두말할 필요조차 없다. 대표적인 점수위주 공부의 사례다. 해당되는 기출문제를 반복해서 외워 시험점수는 고득점인데, 실제 구사능력은 이에 미치지 못하는 학습자들이 너무나 많다. 때문에 오래 전부터 기업체 인사 관계자들은 어학점수 자체와 실제 구사능력의 연관성을 의심하기 시작했다. 결국 선발 시 외국어 구사능력을 확인하기 위해 별도의 인터뷰 절차를 거치기도 한다.

대표적인 사례로 들었던 자격증과 어학공부는 시간이 걸리더라도 근본적으로 제대로 공부를 해야 진정한 자기계발이 된다. 취득하고자 하는 자격증을 제대로 공부하려면 초기에 시간이 많이 걸린다. 시험과목 관련해서 제대로 이해하기 위해 수험서 외에도 참고도서를 봐야 하고, 새로운 용어에 대한 개념정리도 해야 하기 때문이다. 이 과정이 당장은 시간이 많이 소요되지만, 실제로는 시간을 배로 버는 방법이다. 자기계발의 형태를 보면, 크게 세 가지로 볼 수 있다.

첫째, 회사를 오랫동안 다니기 위해 자기계발을 하는 경우다. 영어와 중국어 등의 어학공부, 각종 직무관련 자격증 취득, 대학원 진학 등을 들 수 있다. 이러한 자기계발은 회사생활을 하는 데 특히나 필요한 직무능력향상 그리고 새로운 영역의 업무를 처리하기 위한 내용이 주로 해당된다. 나는 어학공부를 위해서 오래 전부터 정기적으로 스터디 모임에 참석하고 있다. 한 주의 업무를 마무리 하고, 금요일 저녁에는 영어 스피치 클럽인 '토스트마스터즈'(Toastmasters)에 정기적으로 참석하고 있다. 영어공부 외에도 다양한 업종에 있는 분들의 전문적인 인사이트를 스피치 시간에 들을 수 있는 기회다. 더불어 모임이 끝난 후, 뒤풀이 시간에는 서로의 생각을 공유할 수도 있다. 어학공부라는 자기계발과 더불어서 인맥도 넓히고, 다른 분야의 인사이트로 배울 수 있는 일석삼조의 효과를 거둘 수 있는 귀중한 시간이다.

둘째, 직장 업무를 통해 자기계발을 하는 경우다. 대부분의 직장인들이 간과하는 부분이기도 하다. 하지만 업무를 통한 자기계발은 업무능력을 인정받음과 더불어 퇴직 후에도 평생 현역으로 살아갈 수 있는 능력을 마련해 주는 좋은 경우다. 현재 당신의 직무 리스트를 살펴보라. 이 리스트에서 자신의 재능과 적성에 맞으면서, 직무수행 중 가장 만족스러움을 느끼고 잘 하는 업무를 찾아보라. 그리고 그 업무에 애정을 가지고 시간과 에너지를 쏟아보자. 직장을 나와서도 활용할 수 있는 탁월한 수준이 될 수 있도록 본인의 기술을 강화해 나가면 좋다. 나의 업무 리스트 중에 하나가 바로 '사내 강사'다. 강의할 때마다 나의 재능과 적성에 맞는 분야라는 생각이 든다. 애정을 갖고 있다보니, 표준교안은 있지만 뭔가 새롭게 추가하고 보완할 부분은 없을까 하고 자료를 더 찾게 된다. 그 과정에서 교안도 업그레이드 되고, 전달도 좀 더 생명력 있게 자신감을 가지고 할 수 있게 되었다. 최근 교육생들의 수준은 무척 높다. 강사가 그저 교안의 내용만 전달하는지, 아니면 강사가 애정을 가지고 강의를 준비하여 진행하는지를 금방 안다. 청중의 긍정적인 피드백은 나로 하여금 강의 준비를 더 잘할 수 있도록 하기에, 나 자신에게 훌륭한 선순환이 된다.

셋째, '덕후 스타일'로 자기계발을 하는 경우다. '덕후'는 우리나라 고유어가 아닌 일본의 오타쿠에서 나온 말이다. '어떤 것에 매우 몰두한 사람'이라는 의미를 가지고 있다. 요즘 치킨을 좋아하면 치킨 덕후, 차를 좋아하면 차 덕후라고 부른다. 매니아 수준을 넘어 전문가 수준에 이르는 이들을 가리키는 말이다. 알파고로 유명한 구글 딥마인드(Google DeepMind)의 CEO 데미스 하사비스도 게임 덕후였다. 4세 때부터 배운 체스는 결국 그를 체스 챔피언이 되게 하였고, 17살에는 시뮬레이션 비디오 게임을 만들 정도였다고 한다. 예전에는 괴짜 혹은 별스런 취미를 가지고 있는 사람이라 여겼던 이들이, 이제는 서서히 세상으로 나오는 시대가 되었다. 세상은 점점 개개인의 다양성을 인정하는 방향으로 가고 있다. 내가 정말 좋아하는 일들을 세상이 선호하는 틀에 맞추지 말라. 꾸준히 사랑하고 즐기고 가꾸자. 그 길이 자기계발의 한 축이 될 수 있다.

성공적인 자기계발을 위해서는 나에 대한 성찰이 필요하다. 내가 중심이 되어 자기계발의 과정을 즐길 줄 알아야 한다. '나'라는 중심을 가지면 자기계발 과정에서 쉽게 유행에 휩쓸리지 않는다. 이 자격증이 뜨는 자격증이라고 해도 휩쓸리지 않는다. 자기 자신의 길을 볼 수 있기 때문이다. 그리고 자기계발 과정의 즐거움을 즐기게 되면 좀 더 깊이 있는 공부를 할 수 있다. 새로운 것을 깨달아 가는 즐거움에 '아하!'라는 깨달음의 소리를 나도 모르게 지르면서, 나다운 차별적 전문가로 진화해 갈 수 있다.

THIRD PERIOD

07

절박함! 평생 현역을 위한 추진력으로 활용하라

    20-30대 시절엔 젊음이 계속 될 줄만 알았다. 낭만의 학창시절을 보내고, 직장을 잡으며, 결혼도 하고, 아이도 낳아 기르면서 그래도 아직은 좀 여유 있다고 생각했다. 그러나 세월의 흐름은 옛 어르신들의 말씀처럼 쏜살처럼 흐른다. 40대를 넘어 중반을 지나면서, 아이들도 자라 현실에 대한 급박함과 절박함을 느끼기 시작한다. 점점 더 선명해 지는 현실, 결혼을 늦게 한 덕에 정년으로 퇴직할 때까지 아무리 열심히 직장생활을 한다고 하더라도 결국 아이들 대학을 졸업시키기가 어렵다는 것을 뼈저리게 느낀다. 70대까지는 현역으로 뛰어야 답이 나온다는 현실에 대한 깨달음은, 내가 평생 현역을 위한 자기계발에 관심을 갖게된 동기다.

최근에 나를 돌아보면, 조금만 더 젊었을 때 이렇게 열심히 살면 좋았을 텐데 하는 생각도 들지만 후회는 없다. 나에게는 '절박함'이라는 무기가 있다고 생각하기 때문이다. 의식이 항상 깨어 있고, 현실을 제대로 보려고 한다. 출퇴근 시 자투리 시간이나 주말에 조금이라도 시간이 나면, 어떻게든 이 소중한 시간을 활용하려고 노력한다. 예전에는 안 그랬었는데, 이제는 절박함으로 인해 시간시간이 모두 소중하다.

이 절박함의 힘을 잘 활용한 대표적 인물로 나는 정치인 안철수 씨를 말하고 싶다. 그는 뭐든지 완벽하게 이해하고 알게 될 때까지 끊임없이 반복하는 완벽주의자다. 가장 큰 핵심은, 자신을 스스로 공부하지 않으면 안 될 상황으로 처하게 하는 것이다. 한 가지 예로, 바이러스 백신을 만들기 위해서는 매달 최첨단 기술이 나올 때마다 새롭게 익혀야 하는데 공부할 시간이 충분하지 않았던 그가 택한 방법은 관련 잡지사에 전화해 해당 기술에 대한 칼럼을 기고하겠다고 스스로 나서는 것이었다고 한다.

우리나라 사람이라면 절박함에 대한 공통적 경험이 있다. 바로 학창시절 시험공부다. 시험에 임박해서는 고도의 집중력이 나온다. 평소 일주일이상 공부해야 할 분량을 하루에 공부해 버린다. 평생 현역을 위한 자기계발의 시작은 바로 이 절박함과 간절함에서 시작해야 한다. 내 자신과 가족의 생존이 달려있다는 절박함을 가지면 의식이 바뀌기 시작한다. 이 힘을 평생 현역을 위한 자기계발의 추진력으로 사용하라.

절박함이 주는 또 하나의 혜택은 우리에게 실행력을 가져다 준다. 누구나 장밋빛 미래를 꿈꾸는 것은 쉽다. 누구나 "10년 후 초호화 크루즈 해외여행을 하겠다", "가족들과 주말생활을 만끽하며 때로는 어려운 이웃에게 봉사하며 지낼 거야"라고 말할 수는 있다. 하지만 그 꿈을 위해서 당장은 해야 될 일이 있다. 회사에서 보고서를 써야하고, 원거리 출장도 가야하며, 책도 봐야 하는 등 할 일이 많다. 그리고 그것을 생각하는 순간, 실행하려는 순간 머리가 복잡해지고 하기 싫어진다. 절박함과 간절함 있으면, 현실에서 실행해야 될 많은 일들을 즐겁게 처리할 수 있도록 힘을 준다. 지혜롭게 그리고 의미 있는 현실을 보게 해준다. 세상을 보는 프레임이 현재 중심의 깨어있는 프레임으로 바뀌게 된다.

호모헌드레드의 현실, 평생 현역으로 살아야 하는 현실을 이제는 충분히 깨달았을 것이다. 마음과 몸의 세포 하나하나까지, 이 절박함을 느껴보라! 영국의 시인이자 화가인 윌리엄 블레이크는 "바쁜 꿀벌은 슬퍼할 겨를이 없다"(The busy bee has no time to sorrow)라고 했다. 맞는 이야기이다. 앞으로의 일에 대해 고민만

하고 걱정만 할 텐가? 그렇다면 그대는 여유 있는 사람이다. 일부러라도 움직여 보자.

이해진 네이버 의장도 글로벌 모바일 메신저 '라인'의 성공 비결을 절박함으로 꼽았다. 인터넷에서는 국경도, 시간적 제한도 없다. 살아남기 위해서는 새로운 시도를 해야 하고, 매순간 절박할 수밖에 없다. 마음이 주저되거나 흔들릴 때에는 절박함을 생각하라. 지금 나의 힘겨운 한걸음이 결국에는 나와 내 가족을 위한 소중한 한걸음이 될 것이다.

··· 제3장

풍요로운 서드 피리어드를 위한 조건

THIRD PERIOD

01

시간 관리력

　나는 자투리 시간을 활용해 10년 이상을 지속한 공부 습관이 하나 있다. 바로 출퇴근 시간을 이용한 어학공부다. 집에서 직장까지 출퇴근하는 데 자가용을 이용하면 20-30분 정도 소요되고, 대중교통을 이용하면 50분 정도 걸린다. 요일제가 아니면 자가용을 이용해서 출퇴근 한다. 즉 나의 영어공부의 60%는 차 안에서 이루어진다고 해도 과언이 아니다. 특히 중요표현은 대부분 차안에서 익혔다.

　먼저, 시간절약이 되는 효율적인 자투리 시간 활용법을 간단히 소개한다. 주말에 2-3시간 영어공부를 하면서 중요표현 7-10

개만 정리한다. 그리고 주중에는 출퇴근 시간을 이용해 하루에 한 두문장만 정복하라. 사람마다 출퇴근 시간의 정도가 다르겠지만, 이렇게만 하더라도 하루 한 문장을 500번 정도 반복하게 된다. 이 정도 반복이 되면, 이후에 추가로 몇 번만 더 반복해주면 거의 평생 잊혀지지 않는다. 1년이면 약 이백문장, 10년 정도면 자유자재로 구사가능한 문장이 무려 이천문장이나 된다. 한번 시도해보라. 시간은 걸리지만, 가장 확실한 방법이다. 지하철로 출퇴근하거나, 대중교통으로 장거리 이동할 때에는 독서를 하고 있다. 이때 독서를 해보면 의외로 집중이 잘된다. 그저 너무 빨리 목적지에 도착하는 것이 아쉬울 따름이다. 이렇게 버려지는 시간을 활용하면 웬만한 실용도서는 일주일에 한 권 정도 읽을 수 있다.

　　서두에 자투리 시간 활용법을 먼저 말한 이유는, 시간이 여유롭지 않는 직장인들이 조금만 연습하면 실천이 굉장히 쉽기 때문이다. 이는 생활에 매우 긍정적인 영향을 끼친다. 차가 밀린다든지, 병원을 가거나 혹은 친구를 기다릴 때 생기는 자투리 시간을 생산적으로 활용하라. 친구 및 회사동료가 약속시간에 늦게 와서 미안한 표정으로 바라보는데, 미소로 맞이할 수 있는 사람으로 바뀐다. 자투리 시간은 바쁜 직장인의 삶에 변화를 일으킬 수 있다.

　　둘째, 자기계발을 하고자 하는 분야의 전문가를 찾아서 배워

라. 독학으로 어느 정도는 배울 수 있지만, 시간이 너무 많이 소요되고 지치기 쉽다. 어설픈 자기계발은 평생업으로 연결시키기가 어렵다. 발품을 팔아 찾아가서 배우는 게 결코 시간낭비가 아니라 오히려 시간을 배로 버는 것이다. 캐나다 출신의 자기계발 작가 브라이언 트레이시는 "지금까지 발견된 성공 원칙 가운데 가장 중요한 하나를 고르라면 그것은 분명 전문가에게 배워라일 것이다. 그 모든 기법을 시행착오를 통해 스스로 다 찾아내기에는 우리의 인생이 너무나 짧다"라고 말했다. 요즘에는 College 형태의 저자급 전문가를 직접 만나서 강의를 들을 수 있는 공간이 많다. 강의 시간대도 다양해서 퇴근 후에 강의를 들을 수도 있다. 전문가를 찾아가서 배워라. 그러면 당신이 가고자 하는 분야의 시장과 전망을 훨씬 빠르고 정확하게 알 수 있다. 아울러 관련분야의 인맥도 넓힐 수가 있다. 한 마디로 전문가를 만나는 것은 자기가 가고자 하는 분야에 내비게이션을 장착하는 것과 같다. 이를 활용해 길을 가는 것은 시간을 절약하고, 자기가 원하는 자기계발의 목적지를 바르게 갈 수 있도록 도와준다.

셋째, 주말의 하루를 '자기계발의 날'로 명명하자. 이 부분은 내가 특별히 간곡하게 당부하고 싶다. 직장인들은 보통 평일에는 야근이라든지, 회식자리의 변수가 있어 규칙적으로 시간을 내기가 어렵다. 최근에는 대부분의 직장이 5일 근무로 2일을 쉰다. 여건이 되면 양일을 이용해 자기계발에 집중하면 좋겠지만, 가족에 대한 시간배려도 해야 되니 딱 하루만 시간을 내자. 나의 경우 토요일은 가족과 시간을 보내고, 일요일은 자기계발의 날로 정해서 활용하고 있다. 혹 토요일 비가 와서 가족과 외출이 어려울 경우, 토요일을 자기계발의 날로 하고 일요일을 가족과 함께 보내고 있다. 상황에 따라 융통성 있게 하고, 가급적 하루는 자기계발을 위해 투자하라.

자기계발 분야를 체계화하기 위해서는 집중적으로 시간을 투자할 필요가 있다. 여러 가지 밀린 일을 한꺼번에 한다기보다는 평생업으로 연결시킬 수 있는 필살기를 정해서 밀도 있고 종합적인 계발의 시간이 필요한 것이다. 자기계발을 원하는 분야의 독서와 강연참석 및 정리하는 시간으로도 활용할 수 있다. 이렇게 충분한 시간을 투자하면 중간 중간 성취감을 맛볼 수 있다. 그것은 자기계발을 쉬지 않고 꾸준히 할 수 있는 동기부여가 된다. 시간이 부족한 직장인들이 취미차원의 자기계발이 아닌 평생업으로 연결시킬 수 있는 역량계발을 위해서는 주말의 시간 관리를 어떻게 하느냐에 달려있다. 이제 주1회를 자기계발의 날로 정해보자.

또한 주중 추가 2시간을 확보하자. 온전히 방해받지 않고 나만이 쓸 수 있는 2시간을 확보하는 것이다. 나는 밤 10-12시로 정해서 활용하고 있지만, 완벽하게 방해받지 않기 위해 새벽 시간대로 조정 중에 있다. 브라이언 트레이시의 「TIME POWER」에 의하면, "매일 2시간씩 계산하면 일주일이면 5일을 곱해 10시간이고, 1년은 50주므로 10시간에 50주를 곱하면 1년에 생기는 시간이 무려 500시간이다. 그 500시간은 한 주의 노동시간을 40시간으로 잡았을 때 12주가 넘는데, 이것은 매년 3달이나 되는 생산적인 시간을 추가적으로 확보한다는 의미이다"라고 한다.

호모헌드레드 시대를 대비해서 직장인들이 자기계발을 한다는 것은 시간을 어떻게 활용할 것인가와 밀접하다. 한정된 시간을 활용해야 하기 때문이다. 서두에 언급했던 자투리 시간을 활용하더라도 출퇴근 시간과 같은 이동시간, 누군가를 기다리는 시간 등을 활용하면 하루에 최소 1시간 이상을 확보하여 쓸 수가 있다. 자기계발을 하고자 하는 전문가를 찾아서 배우면, 보다 효율적인 자기계발과 더불어 전문성도 쌓을 수 있다. 그리고 주말하루를 '자기계발의 날'로 정해 온전히 자기계발에 투자한다면 자기계발 분야가 본인의 필살기가 되어 인생 3막을 준비하는데도 많은 도움이 될 것이다. 마지막으로 방해받지 않은 하루 2시간을 확보하여 매일 지속적으로 준비해 나간다면, 직장생활을 하면서도 충분히 평생업을 위한 준비를 하는데 시간적으로 어려움은 없을 것이다.

THIRD PERIOD

02

평생 현역을 위한 스마트한 '건테크'

"건강도 능력이다!" 나는 건강도 자기계발의 주요 대상이라고 생각한다. 서드 피리어드에 현역으로 뛰려고 열심히 준비하고 다 갖췄는데, 만약 건강을 잃었다면 이처럼 억울한 것이 어디에 있겠는가! 다가오는 호모헌드레드 시대에 '가장 억울한 사람 순위'를 Best of Best로 뽑는다면, 아마도 건강 빼고 다 갖춘 사람이 1위일 것이다.

전문가들도 다가오는 시대의 대표적인 리스크 중에 하나로 건강을 꼽는다. 개인이나 가계에 경제적인 부담으로 작용하기 때문이다. 실제로 65세 이후에, 평생 쓰는 의료비의 절반을 쓴다고 한다. 건강보험진흥원 조사에 따르면, 65세 이상 노인들의 연평균 진료비는 1인당 322만원이라고 한다. 암, 심장병 등 중증질환과 같은 경우에는 거의 재난과 같은 의료비가 지출 된다고 한다. 30-40대부터 건강을 자기계발로 생각하고 규칙적으로 관리해 나가자. 나는 이것을 '건테크'라고 부른다.

'건테크'란 건강수명을 늘리자는 뜻이다. 건강수명이 늘면 일거양득의 혜택이 있다. 평생 현역으로 뛸 수 있는 기간이 그 만큼 늘어나고, 노후의 의료비를 절약할 수가 있다. 참고로 건강수명이란 평균수명에서 질병과 부상 등으로 활동하지 못한 기간을 뺀 나머지 수명이다. 세계보건기구에 따르면, 한국인의 건강수명은 71세다. 현재의 평균수명이 80세니 약 10년 가까운 시간을 병원에 오가며 지낸다는 이야기다. 100세 시대가 다가온다. 건테크가 되지 않을 경우 의료비 지출은 상상을 초월할 수 있다.

건강에 대한 관심은 누구나 있다. 취업포털 〈인크루트〉가 한국건강증진개발원과 함께 직장인 499명을 대상으로 진행한 설문 조사 결과에 의하면, 96%의 직장인이 건강관리를 위해 운동하는 것에 대한 관심을 가지고는 있으나 정작 규칙적으로 운동하는 이는 41%에 불과하다고 한다. 규칙적으로 못하는 주요 이유는 귀찮아서가 35%, 과다한 업무 또는 회식 등이 28%, 스마트폰 및 TV

시청 등이 13%로 나타났다. 그러면 건테크를 어떻게 해 나가야 하는가?

먼저, 자기 생활패턴에 맞는 운동을 한두 가지 찾아 꾸준히 실행을 하자. 물론 휘트니스 클럽 같은 곳에 등록해서 매일 규칙적으로 운동하면 그야말로 최고다. 하지만 직장인들은 여러 가지 여건상 매일 규칙적인 운동이 어렵다. 주 2-3회라도 시간될 때 운동하면 좋을 듯 하다. 중요한 건, 각자 자기 생활패턴에 맞는 건강관리의 실행이다. 현재 당신의 상황에서 건강관리를 위해 어떤 운동이 가능한가를 생각해 실천해보라. 경험이 부족할 경우, 전문가의 도움도 받아보자. PT를 한두달 배워서 혼자 운동해 나가는 방법도 좋다. 비용을 투자한다는 점이 아쉽지만, 일단 배워두면 평생 활용할 수 있다는 장점이있다. 그 외에 배드민턴이나 테니스 등 운동 동호회에 가입해서 시간이 될 때마다 참여해 운동하는 방법도 좋다.

나는 주요 건강관리 방법으로 널리 알려진 걷기를 꾸준히 하고 있다. 무엇보다 걷기는 실행이 쉽다. 매일 걷는 양은 평균 1만보 정도 된다. 1만보를 채우려면 사람의 보폭에 따라 다르지만, 약 1시간 40분 정도 걸어야 한다. 직장인이 만보를 한꺼번에 걷기는 어렵다. 나는 만보를 한꺼번에 걷지는 않고 나누어서 걷는다. 출퇴근 시, 점심시간, 출장 시 대중교통 이용, 중간에 틈날 때 계단 오르기 등을 하면 굳이 따로 시간을 내지 않더라도 1만보 이상은 하루에 충분히 걸을 수 있다. 실행해보라. 하루에 1만보는 거뜬히 걸을 수 있다. 업무 과중으로 시간을 못내 1만보를 못 채울 경우에는 퇴근길에 집 주변을 20분 정도 더 걷고 집에 들어간다. 겨울에 날씨가 추울 때에는 실내 지하주차장을 활용해서 걷다가 들어가기도 한다.

걷기의 효능은 너무나 잘 알려져서 언급할 필요조차 없지만, 고혈압과 고지혈증과 당뇨 등 성인병 예방과 치료 및 운동 부족으로 체력이 떨어지기 쉬운 성인들의 면역력 증가에도 효과가 있다. 더 놀라운 것은 걷기가 정신건강에도 좋다는 것이다. 특히 요즘 직장인 가운데 자존감이 낮아서 심적으로 힘들어 하시는 분들이 많은데, 걷기가 자존감 회복에도 큰 도움이 된다고 한다. 「자존감 수업」의 저자 정신과 의사 윤홍균 씨는 자존감을 회복하는 방법의 하나로 걷기를 추천한다. "부정적인 생각의 회로가 강화된 채 우리를 괴롭힌다. 마치 생각의 회로에 벽이 쌓인 것과 같다. 이를 허물기 위해서는 뇌의 양쪽을 번갈아가면서 자극해야 한다. 왼쪽 한 번, 오른쪽 한 번 움직이게 하는 '양측성 자극'을 주면 뇌 회로가 말랑말랑해진다. 대표적 양측성 자극은 '걷기'다. 걸을 때마다 왼쪽 뇌와 오른쪽 뇌가 번갈아가면서 활동한다. 걷기, 수영(자유형, 배영)과 같은 좌우를 균형적으로 움직이게 하는 신체활동을 통해 신장시킬 수 있다."

둘째, 비타민 등 검증된 건강보조식품을 적절히 섭취하라. 직장인들은 대체로 바쁜 일상에 쫓겨 인스턴트 음식을 섭취하거나, 불규칙한 식사로 균형 있는 영양섭취를 못하는 경우가 대부분이다. 이것은 비용이 얼마 안 들면서도 내 몸을 잘 관리할 수 있는 방법 중에 하나다. 바로 비타민을 먹는 것이다. 비타민을 둘러싼 여러 가지 말들이 많지만, 그래도 비타민의 효능에 대해서는 이미 많은 검증이 이루어졌다. 관련 의사들도 매일 복용하고 있다고 한다. 나는 오메가3, 항산화제, 비타민B와 C 등을 매일 섭취하고 있다.

셋째, 모바일로 건강을 관리하는 것이다. 헬스케어 앱을 잘 활용하자. 요즘 스마트 폰은 생명체가 아닐 뿐 거의 내 몸의 일부분이라고 해도 과언이 아니다. 나는 S헬스 앱을 사용하고 있는데, 칼로리 소모량과 심박수 무엇보다 만보측정용으로 매일 활용하고 있다. 요즘에는 손목용 웨어러블 스마트기기를 이용하면 자동 수면기록으로 수면의 질까지 모니터링 해준다고 한다. 이런 헬스케어 앱을 통해 개인의 신체 데이터가 실시간으로 수집되기 때문에, 의사들도 환자들의 상태를 좀 더 객관적으로 파악할 수 있어 앞으로는 맞춤형 진료가 가능해진다고 한다. 계속 진화하고 있지만,

여튼 현재 측정 가능한 항목을 활용해서 건강관리를 효율적으로 하는데 도움이 되도록 하자.

마지막으로, 건강관리를 위한 정기건강 검진과 의료비를 준비를 하자. 건강관리를 충실히 한다고 해서 내 몸이 항상 건강할 수는 없다. 우리는 자동차 매연과 공장 굴뚝에서 나오는 연기 등의 환경공해와 생활에서 받는 스트레스에 끊임없이 노출되어 있다. 아무리 관리해도 병이 생기기 마련이다. 그리고 유전적 요인도 크게 작용한다. 산속에서 맑은 공기를 마시며 살던 법정 스님도 입적하실 때 폐암이었다고 한다. 어떤 사람은 술도 안 마시는데 지방간과 간경화로 고생하기도 한다. 때문에 건강검진 등을 통해 조기에 병을 발견하고 치료하는 것도 건강관리에 있어서 필수적인 요소가 되었다.

더불어 의료비 준비로는 보장성 보험을 잘 활용하자. 실손보험과 정액보험을 가입하면, 효과적으로 의료비에 대비가 가능하다. 보장성 보험에는 실손보험(의료실비보험)과 정액보험(암보험)이 있다. 나중에 나이 먹어서 실손보험을 들기도 하지만, 실제로는 보험사가 잘 받아주질 않는다. 건강할 때 가입해서 현재와 서드 피리어드를 동시에 대비하는 게 바람직하다. 구체적으로 말하면, 실손보험은 질병 시 실제 정산한 병원비의 80-90%를 보장받을 수 있다. 간병비나 생활비 측면은 부족하다. 정액보험은 질병 시 계약한 보험금을 한꺼번에 받는다. 여유금액은 생활비와 간병비로 활용이 가능하다. 때문에 실손보험과 정액보험을 모두 가입하는 것을 권한다.

건강의 중요성은 아무리 강조해도 지나치지 않다. 평생 현역을 위한 우리 자신의 모든 자기계발과 노력이 한순간에 물거품이 될 수도 있기 때문이다. 아무리 바빠도 자신만의 운동 스타일을 만들어서 실천하고, 최첨단 스마트기기를 적절히 활용하며, 보장성 보험을 통해 만일의 상황에 대비하자. 그러면 최소한 80세까지는 현역으로 뛰면서 내 삶을 가치 있게 만들 수 있지 않겠는가!

THIRD PERIOD

03

독서력

　우리가 살면서 배우는 방법을 경험적인 측면에서 구분해 보면 크게 두 가지로 나눠볼 수 있다. 하나는 전문가로부터 워크숍이나 코칭과 같은 상담을 받거나, 여행을 통해서 새로운 문화를 체험하는 것과 같은 직접 경험을 통해서 배우는 방법이다. 그리고 또 하나는 전문가들이 쓴 책을 보거나, 인터넷을 통해 정보를 습득하는 것과 같은 간접 경험을 통해서 배우는 방법이다. 독서는 간접 경험에 해당하는 방법이지만, 직장인처럼 시간이 여유롭지 않는 사람에게는 최고의 방법이다. 이제 평생 현역으로 살아가기 위한 자기계발은 생존과 직결되어 있다. 많은 직장인들이 자기계발에 대해서는 동의하지만, 불규칙한 퇴근시간과 야근으로 인해서 실행에 옮기지 못하고 있다. 때문에 독서를 잘 활용하면 바쁜 직장인들에게 있어서 가성비(價性比, cost-effectiveness) 있는 효과적인 자기계발 수단이 될 것이다.

흔히 독서하면 학창시절의 두꺼운 전공서적이나 문학작품을 생각하기 쉽다. 문학작품 등과 같은 서적은 처음부터 끝까지 제대로 읽지 않으면 이해할 수 없는 경우가 대부분이다. 시간도 많이 소요된다. 중간 중간 끊어 읽다가 보면 연결이 안 되서 조금 보다가 중간에 포기하게 되는 경우가 많다. 이에 나는 실용도서를 많이 읽으라고 권한다. 자기계발과 관련된 좋은 국내외 양서들이 서점에 가득하다. 본인이 흥미를 가지고 있고, 계발하고자 하는 자기계발 분야를 선택해서 읽기만하면 된다. 대부분의 실용서적은 읽기가 편하다. 읽다가 도중에 중단했다가 다시 읽어도 쉽게 흐름을 쫓아 갈 수 있어서 시간이 불규칙한 직장인들이 실행에 옮기기에 아주 좋다. 자투리 시간만 활용해도 웬만한 실용도서는 일주일에 한 권씩 읽을 수 있다. 직장인들이 쉽게 실천할 수 있는 실용도서 독서요령을 몇 가지 소개하고자 한다.

첫째, 처음부터 끝까지 하나도 안 빼고 독서해야 한다는 고정관념에서 벗어나자. 즉 포인트 독서를 하라는 말이다. 우리가 실용도서를 읽는 이유는 저자가 솔루션으로 제시하는 부분을 나의 삶에 적용하기 위해서다. 원하는 책을 선택한 다음, 서문을 읽어보자. 저자가 가장 정성을 기울이는 부분이 서문이기 때문이다. 어떤 독자를 대상으로 쓰여졌고, 이 책을 보면 어떤 점이 유익한지가 나와 있다. 그 다음에는 목차를 살펴보자. 그리고 책의 첫 장과 마지막 장 그리고 결론 부분을 읽어보자. 이쯤 되면, 저자가 어느 부분에 중점을 두고 저술했는지를 쉽게 파악할 수 있다. 나의 경우는 위의 과정을 거친 후 필요한 부분을 체크한 후에 주로 책의 70%에 해당되는 마지막 1/3에 해당하는 부분을 가장 자세히 읽는다.

둘째, 수직 독서(주제별 심화독서)를 통해 평생 현역의 전문가 씨앗을 뿌리자. 나는 이 수직 독서가 평생 현역 자기계발의 이론적인 핵이라고 생각한다. 풀어서 이야기하면, 수평 독서는 분야를 정하지 않고 다양하게 읽는 것을 말한다. 이 과정에서 평소에는 다양한 분야에 노출되고, 다양한 관점을 접할 수 있게 되며, 예전에는 미처 몰랐던 흥미 있는 분야를 찾게 된다. 이렇게 찾은 분야 중에서 평생 현역으로 연결시킬 수 있는 분야는 수직 독서, 즉 주제별로 깊이 있게 독서를 하자는 이야기다.

수직 독서 100권에 도전해 보라. 웬만한 분야는 100권 정도 독서하게 되면 준전문가 수준에 도달하게 되고 강의도 할 수 있을 정도가 된다. 그 분야만큼은 입체적인 사고를 할 수 있게 된다. 재미있는 것은 주변에 독서를 한 분들을 보면, 이렇게 깊이 있게 주제별 독서를 하신 분들이 극히 적다는 것이다. 대부분의 독서가들은 욕심이 많아서 혹은 다양한 독서를 하고 싶은 열망 때문에 문화, 예술, 베스트셀러 위주의 독서를 한다. 다른 관점에서 말하면, 본인이 일관되게 특정분야 100권 이상 수직 독서를 하면 다른 사람들과 차별화가 된다는 것이다. 그래야 평생 현역용 지식으로 활용할 수가 있다. 처음 몇 권 보는 것이 힘들어서 그렇지, 그 분야의 용어와 개론 부분이 정리되면 가속도가 붙기 때문에 바쁜 직장인이라도 6개월에서 길어도 1년 내 100권의 독서는 충분하다고 생각한다. 한 분야 정도만 정복이 되도, 본인도 모르는 내공이 흘러넘쳐 이미 주변에서 느끼기 시작하고 알아보기 시작한다.

셋째, 독서 과정을 통해 본인의 '암묵지'를 '형식지'로 전환해 보라. 1장에서 이미 설명했듯이, 지식을 크게 분류하면 암묵지와 형식지로 나뉜다. 암묵지는 본인의 오랜 경험으로 체득된 하나의 지식으로, 쉽게 말이나 글로써 설명이 안 되는 지식을 말한다. 반면 형식지는 학교나 각종 강의를 통해서 얻을 수 있는 지식으로, 명료한 언어로 표현된 지식을 말한다.

인생을 30-40년 살다보면, 남들과는 차별화된 경험을 통해 체득한 전문 분야가 한두 가지씩 있기 마련이다. 이것이 암묵지다. 독서 과정에서 저자들이 본인의 암묵지를 어떻게 형식지로 바꾸는가에 눈여겨 보자는 것이다. 그리고 이러한 부분을 발견하고 배워서 본인의 경험으로 체득한 암묵지를 말과 글의 형식지로 바꾸는 작업을 하자. 이 부분은 남들하고 차별화된 요소이기에 당신만의 평생 현역의 필살기가 될 수 있다.

넷째, 독서를 하면서 중요한 부분은 메모하는 습관을 갖자. 메모를 하지 않으면 축적이 되지 않는다. 그냥 독서하는 경우는 책을 읽을 때에는 이해가 되고 머리에 머물러 있지만, 하루만 지나도 금방 잊히게 된다. 상당히 많은 부분을 망각하게 된다. 이렇게 되면 독서를 많이 해도 축적이 되지 않고, 다른 사람들에게 전달할 수 있을 정도로 논리적으로 전달하는 것이 어렵게 된다. 나는 책에 낙서를 많이 하는 편이다. 저자의 핵심 포인트는 간단히 노트에 메모하는 습관을 갖자.

포인트 독서, 수직 독서 100권 도전, 경험으로 체득한 암묵지를 말과 글의 형식지로 전환하는 작업, 그리고 독서하면서 중요 포인트를 메모하는 습관을 가지고 꾸준히 실천하자. 그러면 평생 현역의 기틀을 마련하는 데 많은 도움이 될 것이다.

THIRD PERIOD

04

통찰력

　예전에는 기술 하나만 잘 익혀도 그것을 바탕으로 직업을 가지면 평생 먹고 사는데 크게 문제가 없었다. 이제는 기술의 변화 속도가 너무 빠르다. 힘들여 익힌 기술이 어느 순간에 언제 쓸 모 없어질지 모르는 세상에 살고 있다. 변화를 통찰하지 못하면 생존까지도 위협받는 시대에 살고 있는 것이다.

　나는 직장생활의 시작을 엔지니어로 시작했다. 백본 통신장비를 운용하는 게 나의 주업무였다. 업무를 하며 어려웠던 사항 중에 하나가 1-2년 주기로 새롭게 끊임없이 들어오는 최신 통신장비를 익히는 거였다. 매번 새롭게 매뉴얼을 보고 익혀야만 했다.

장비의 버전만 업그레이드 되는 경우는 운용법을 그나마 쉽게 배울 수 있었지만, 완전히 새로운 기술이 적용된 장비가 들어올 때에는 정말 애를 먹었다. 처음부터 다시 공부해야만 했기 때문이다. 10년 가깝게 엔지니어 생활을 했지만, 지금 내가 현장에 가면 완전히 시스템이 바뀌어서 신참자와 다를 바 없다.

통찰력은 '예리한 관찰력으로 사물이나 현상을 꿰뚫어 보는 능력'이다. 영어로는 'insight', 즉 안(in)을 들여다(sight)본다는 뜻이다. 「역학(易學)원리」라는 책에서 통(通)은 '이치(理致)의 이치(理致) 자리를 아는 것'이라고 한다. 원리가 있다면, 그 원리가 어떻게 해서 나왔는가까지 철저히 아는 것이다. 요즘과 같이 미래를 예측하기 어려운 시대엔 누구나 갖고 싶어하는 능력이다. 물론 전문적인 지식과 기술이 있는 전문가는 많이 있다. 하지만 우리가 찾고자 하는 '문제를 꿰뚫어보고 새로운 시각에서 볼 수 있을 정도로의 통찰력'을 가지고 있는 전문가는 찾기가 어렵다. 어떤 한 분야의 전문가가 통찰력을 갖추었다는 것은 이제 당신 스스로를 고용해서 기업인으로 살 수 있는 충분한 준비가 되었다는 것을 말한다.

나는 통찰력이란 '암묵지와 형식지가 축적이 되어 무르익었을 때 나오는 힘'이라고 생각한다. 통찰력을 갖기 위해선 우선 지식과 기술이 바탕이 되어야 한다. 이 바탕 위에서 풍부한 경험이 축적되어야 비로소 꿰뚫어 볼 수 있는, 새로운 시각에서 볼 수 있는 통찰력이 나오기 시작한다. 우리 주변을 보면 수십 년을 한결같이 이론 공부만 해서 지식만 가득한 사람이 있다. 반면에 지식은 부족하지만 현장 경험 즉 기술이 풍부한 사람이 있다. 각각 절반씩만 자신들의 시각과 지식과 경험으로 세상을 본다. 제대로 된 통찰을 하기에는 부족하다. 이러한 이유로 통찰력 있는 사람을 찾기가 어렵다.

그렇다면 통찰력은 어떻게 해야 향상될 수 있을까? 인풋(input)이 있어야 아웃풋(output)이 있다. 통찰력 향상의 기본은 많은 자료를 보는 것으로부터 출발한다. 매일 신문 읽기와 균형 있는 독서로 기본을 다지자.

먼저, 가장 기본이 되는 신문을 보라. 신문은 정치·경제·사회·문화·연예계·환경·스포츠 등 세상에서 매일 벌어지고 있는 일들을 알 수 있다. 그야말로 앉은 자리에서 세상을 볼 수 있는 요지경과 같은 것이다. 신문에는 많은 기사가 있다. 기사는 기자가, 칼럼은 주로 논설위원인 각 분야의 전문가들이 쓴다. 기사 내용을 보면 사실과 의견으로 이루어져 있다. 기사를 볼 때에는 세상에 지금 일어나고 있는 사실(fact)을 중심으로 해서 보는 습관을 갖자. 칼럼을 통해서는 논설위원들의 다양한 관점과 견해를 볼 수 있다.

꾸준하게 기사를 보면서 쌓은 사실로 통찰할 수 있는 재료를 쌓을 수 있을 뿐만 아니라 다양한 칼럼을 통해 의사를 전개하는 방식도 아울러 배울 수 있다.

다음으로, 독서는 통찰의 체계적인 지식을 축적할 수 있는 좋은 수단이다. 통찰을 위해선 독서를 한쪽에 치우치지 않고 다양하게 해야 한다. 다양하게 본다는 것은 다양한 분야에 노출이 된다는 것이다. 이것은 일종의 간접 경험이다. 경제를 모르는 사람은 어떤 사건이 일어났을 때, 절대 경제관점에서 생각할 수 없다. 문화를 모르는 사람은 결코 문화관점에서 그 사건을 볼 수도 없다. 다양한 독서를 하는 만큼, 다양한 세상을 보는 창이 형성된다. 이 프레임을 통해 세상을 보고 해석할 수가 있다. 최재천 교수는 "독서의 중요성은 아무리 강조해도 지나치지 않다. 한 우물만 파는 우직함이 더는 자랑거리가 아닌 여러 분야의 경계를 넘나드는 인재가 필요한 시대라면 더 그렇다"라고 이야기한다.

신문과 독서로 충분한 인풋(input)이 되면 통찰할 수 있는 기본을 갖추게 된다. 그럼, 이제 실전에 나의 분야에 적용할 수 있도록 하자. 실전 적용 가능한 통찰력 '촉'을 활성화하기 위해 항상 on 상태로 유지되어야 하는 사항이 있다. on이란 끊임없이 업그레이드 및 유지되어야 한다는 뜻이다.

먼저, 나에 대한 성찰 on이다. 성찰 on은 나를 아는 것으로부터 출발한다. 나 자신에 대해서도 잘 모르는데 남을 통찰한다는 것은 말이 안 된다. 우리는 지금 직장생활을 하며 시간을 쪼개어 생존을 위한 자기계발을 하고 있다. 그동안의 수동적으로 주어진 일 위주에서 능동적으로 자기 경영을 하고 있다. 우리는 매일 매일 진화하고 있다. 숨겨진 우리의 야성이 살아나고 있다. 어제의 나는 없다. 매일매일 새로워지고 있다. 이것이 끊임없이 나를 성찰해야만 하는 이유 중에 하나다.

둘째, 고객에 대한 끊임없는 이해다. 기억하라! 고객도 끊임없이 변화한다. 많은 사람들이 고객을 초기에 이해하면, 그 다음부터는 고객에 대한 이해를 멈추는 실수를 범한다. 그리고 고객과 대화 시 자신들 위주로 이야기를 한다. 평생 현역인은 고객의 소리를 끊임없이 들어야 되는 존재다. 공감하고 또 공감해야 한다. 소통의 극치까지 가보자. 비슷한 부류의 사람이라도 동일한 문제를 가지고 있는 것은 아니다. 한 사람 한 사람 대할 때 소통을 할 수 있도록 노력하자. 통찰은 거기에서 나온다.

셋째, 세상 및 업계 트렌드에 대한 통찰이다. 세상은 하루하루 변화의 폭은 적지만, 지나보면 무서운 속도로 바뀌고 있다. 세상 및 업계 트렌드를 계속해서 업데이트 해 나가라. 업계 동향을 알 수 있는 세미나와 강의를 지속적으로 참석하여 감각을 유지해 나가자.

끝으로, 전문 분야의 실전 경험 즉 내공을 많이 쌓자. 내 전문 분야의 경험은 무엇보다 중요하다. 새로운 시도를 할 수도 있고, 잘 되는 경우는 잘되는 대로 그리고 잘 안 되는 경우는 안 되는 대로의 피드백을 통해 계속 진화해 나가자. 고수와 하수의 차이는 내공의 차이다. 결국은 경험의 양이다. 그렇다고 무조건적인 경험은 아니다. 신중하게 계획된 경험이다. 깊어지면 깊어질수록 통찰력은 커질 것이다.

실행력

　원초적인 '야성'과도 같은 정신이 '들이대' 정신이다. 우리는 살아오면서 그리고 직장생활에 길들여지면서, 이 야성이 내면 깊숙이 숨어버렸다. 그러나 야성, 즉 들이대 정신은 서드 피리어드형 인간으로 환골탈태 하는데 매우 필요한 정신이다. 그 정신을 어떻게 다시 끄집어내는가가 평생 현역으로 살 수 있는가 또는 없는가를 판가름 짓는다.

　만약 당신이 소파에 기대어 이 책을 보고 있다면, 몸을 앞으로 세워라. 의자 등받이에 기대어 앉아 보고 있다면, 등받이에서 등을 떼라. 아무것에도 기대지 말라. 우리는 지금 들판에 굶주린

사자가 되었다. 자녀들을 먹여 살리기 위해서 먹잇감을 찾아야 한다. 절박하다. 시야에 들어오는 모든 것은 먹잇감이다. 눈도 깜박할 겨를이 없다. 먹잇감이 나타나는 순간 튀어나간다. 마치 한 마리의 야수처럼 말이다.

비유적인 이야기지만, 우리가 처해있는 현실은 새끼 사자들을 먹여 살리기 위해 들판을 어슬렁거리는 부모 사자와 비슷하다고 해도 과언이 아니다. 기나긴 백세 인생, 당신은 어떻게 무엇을 하며 생존해 나갈 것인가? 서드 피리어드를 살아갈 준비가 되어 있는가? 만약 긍정의 대답을 할 수 없다면, 우리는 부모 사자가 되어 무엇에든 들이대야 한다. 행복과 성공을 위해선 이러한 '접근 프레임'을 견지하라고 「프레임」의 저자 최인철 교수는 이야기 한다. "단기적인 관점에서는 하지 않은 일에 대한 후회보다 이미 저지른 일에 대한 후회를 많이 하지만, 장기적인 관점으로 들어가면 저지른 일에 대한 후회보다는 하지 못했던 일에 대한 후회가 더 크게 다가온다." 그리고 정주영 회장이 생전에 부정적인 의견을 접할 때마다 하셨던 "임자, 해보기나 해봤어?"라는 말도 이러한 실행의 정신을 보여준다.

나는 어학을 전공한 사람이 아니다. 영어 공부를 대학교 졸업 무렵 시작했다. 그때부터 지금까지 하루 30분씩 20년 이상 꾸준히 하고 있는 실행습관이 하나있다. 하루에 한두 문장을 꾸준히 암송하는 것이다. 메모지에 적어서 출퇴근 시 틈틈이 반복하여 읽는다. 1년 반 동안 실행을 지속하니 생존 영어가 가능하게 되었고, 4년 이상 실행을 지속하니 의사소통을 큰 무리 없이 할 수 있게 되었다. 지금은 영어로 의사소통 하는 게 거의 자유자재로 가능하다. 웬만한 해외 MBA 출신보다 구사력이 뛰어나다는 평가를 받고 있다.

그러나 나의 대학시절 어학 실력은 형편이 없었다. 믿기지 않겠지만 주어가 3인칭 단수일 때 동사에 '-s' 또는 '-es'가 붙는다는 것을 명쾌하게 이해하지 못했었다. 그 당시 대부분의 대학생들은 문법과 독해 위주의 영어 공부를 하는 게 대표적인 어학 공부 방법이었다. '이왕 공부하려면 실제로 말하고 활용할 수 있는 게 진짜가 아닌가!'라고 판단해서, 나는 당시 〈SDA삼육어학원〉에 등록했다. 지금 생각해보면, 내가 어떻게 그렇게 현명한 판단을 했는지 놀랍다.

대학시절 공부에 그다지 관심이 없었던 나는 남들이 어렵다고 하는 영어 회화라도 잘 하면 좀 낫겠지 하는 게 회화 공부를 시작하는 계기였다. 하지만 기초가 턱없이 부족했던 나는 앵무새처럼 말하는 것 외에는 할 수가 없었다. 같이 회화 학원을 다니는 사람들은 독해나 어휘 등 기본기가 탄탄해 소위 응용해서 말하는 것이 가능했다. 그러나 기초가 없던 나는 응용이 불가능했다. 하나를 배우면 하나만 가능했다. 머리가 도화지처럼 깨끗했던 나는 그렇게 한 문장씩 암송하며 공부를 실행해 나갔다. 같은 수강생들은 30문장을 배워도 100문장 이상으로 응용하여 말하는 것에 비해, 나는 100문장을 외워도 100문장을 그대로 말하는 것 외에는 말할 수가 없었다.

90년대 당시 회화 공부는 영어 공부를 상당히 하신 분들이 마지막 관문으로 하는 인식이 강했다. 같이 공부하는 분들의 어휘와 독해 실력은 고급 수준이었다. 나는 수업을 들으며 무시당하기 일쑤였다. 하루는 옆 자리에 앉은 수강생에게 기초적인 어법사항 하나 물어봤는데, 나를 향해 묘한 얼굴 표정을 하더니 그 다음부터 나를 보면 안면 몰수였다. 반년이상을 공부해도 전혀 진전이 없었다. 객관적으로 생각해서 아무리 학원을 계속 수강해도 진전이 없겠다는 판단이 들어 다니던 학원을 중단했다.

그 후로도 포기하지 않고, 꾸준히 공부해 나가니, 영어의 달인들을 만날 기회가 생겼다. 그 분들은 나에게 기초로 돌아가라며, 몇 가지 조언을 해 주었다. 중학생 영어 교과서 본문을 '고수들이 알려준 방법'을 적용하여 처음부터 무작정 외워 나갔다. 어느 순간 잔잔한 빛이 들어오기 시작했다. 기본이 잡히기 시작하면서 재미와 흥미를 느끼기 시작했다. 나를 힘들게 했던 중력권을 벗어난 기분이었다. 그 후 여러 과정을 거쳐 이제는 내가 조언을 해주는 위치가 되었다.

어학 공부는 내가 실행력의 힘을 느낀 사례다. 세상을 살아가는데 여러 가지 필수적이고 필요한 능력이 있지만, 아무리 좋은 능력을 갖추고 있어도 실행을 하지 않으면 의미가 없다. 결국 '실행력'으로 결실을 맺는다. 그렇다면 실행력을 높이기 위해서는 어떻게 해야 할까?

먼저, 실행습관을 위해서 정리를 하자. 실행력을 높이는 차원에서 어질러진 책상을 한 번 정리해보라. 기분이 달라질 것이며 의욕도 새로워 질 것이다. 실행의 효과를 시각적으로 바로 확인할 수 있어서 좋다. 퇴근 무렵이든지 일하기 어수선한 시간에 하루에 한두 가지씩 정해서 정리하면 된다. 예를 들면, 서랍 속에 있는 필요 없는 서류를 파쇄하거나 고객으로부터 받은 명함을 정리하기 또는 지갑 속에 오래 보관된 신용카드 영수증 버리기 등 이렇게 하나씩 정리를 하다보면 더 큰 실행을 하는데 도움이 된다.

둘째, 단순화 시켜서 실행하자. 단순하면 실천하기가 쉽다.

효율도 그 만큼 좋아진다. 복잡하면 실천은 할 수 있으나 오래 지속할 수가 없다. 복잡해지면 생각해야 할 경우의 수가 늘어난다. 그 만큼 실행하는데 생각해야 할 것이 많아진다. 그리고 중도에 다른 일이 끼어들면 중단하기가 쉽다. 나의 어학 공부 성공의 핵심도 하루에 한두 문장만 집중하는 게 방법이었다. 너무 단순하기에 지칠 수가 없었다. 세기의 천재 아인슈타인도 단순함을 습관화시켰다고 한다. 목욕할 때와 면도할 때에 각각 다른 비누를 사용하는 것이 복잡해서 한 가지 비누로 통일했다고 한다. 이렇게 단순화 시키면 실행이 쉽다. 실행이 쉬우므로 일에 집중력이 생기고, 효율이 높아지는 선순환이 계속되어 오래 지속적 실행을 할 수 있다.

셋째, 실행하려는 일에 프레임(틀)이 구축 되었다 싶으면 즉시 실행하자. 중간에 보완될 사항은 실행하면서 수정 및 보완하고 다시 실행하면 된다. 완벽하게 세부사항까지 구성한 다음에 실행하면 타이밍을 놓치기 쉽고 또 오래 걸린다. 중국 자산 26조원인 최고의 부호 알리바바 마윈의 창업 초기에 입버릇처럼 하는 말이 '지금! 바로! 빨리!'였다고 한다. 그는 "잘못된 집행을 할지라도 우유부단하거나 결정하지 않는 것보다 낫다. 집행하는 과정에 잘못을 고칠 수 있는 시간과 기회가 있기 때문이다"라고 말했다.

마지막으로, 데드라인을 정해놓고 일을 하는 습관을 갖자. 절박함을 실행력으로 이용하는 방법이다. 학창시절 벼락치기 시험공부처럼, 시간이 임박하면 우리는 놀라움 집중력을 발휘하게 된다. 예전의 데드라인은 주어진 것이었다면, 이제는 주도적으로 데드라인을 정해서 실행력으로 활용하자. 일에 몰입할 수밖에 없는 환경을 만드는 것이다. 배수진을 치자. '앞으로 5년 내에 평생 현역에 쓰기 위한 전문성을 확보 안 하면 내 가족의 생계가 어려워진다!'라고 생각하고 몰아붙이자! 이를 위해서 구체적으로 세부 데드라인을 정해서 실천해 나가라. 전문성 확보를 위해 스피치 기술이 필요하다고 했을 때 최대한 그러한 환경을 만들라. 예를 들면, 주말에 스피치 스터디를 간다거나 경제적 여유가 있을 때에는 학원에 등록을 하는 것도 방법이 될 수 있다. 중요한 것은 내가 움직이는 것이다.

THIRD PERIOD

06

생존을 위한 인맥관리

　SNS시대, 현대를 사는 우리는 요즘 아침마다 챙겨야 할 일이 하나 더 생겼다. 온라인 생일 축하 인사다. 페이스북, 밴드 등에서 알려주는 생일을 맞이하는 친구들에게 보내는 축하 메시지다. 나는 특별히 바쁘지 않는 이상 온라인상의 생일을 꼭 챙겨주려고 한다. 어떤 날은 챙겨야 될 사람이 많아서 간혹 빠뜨리기도 한다. 업무상으로 바쁠 때에는 거의 준공해 수준이다.

　인맥을 금맥이라고 부를 정도로 우리나라 인맥사랑은 세계적이다. 혈연·지연·학연·직장·군대·SNS 인맥에 이르기까지 인맥의 종류도 가지가지며 챙겨야 할 것도 많다. 「파워인맥」의 저자인 미국의 경영 컨설턴트 존 팀펄리는 "가장 빠르고 효과적으로 꿈을 이루는 길은 도움을 줄 수 있는 사람과 연결 기반을 마련하는 것이다"고 말했다. 이제는 '무엇을 아느냐'(know what)가 아니라 '누구를 아느냐'(know who)가 더욱 중요한 시대라고 한다.

좋은 인맥을 형성하고 관리하는 능력은 현대 사회에서 꼭 필요한 능력의 하나가 되고 있다. 우리나라와 같은 인맥중시 사회에서는 더이상 말할 필요가 없다. 하지만 인산관계의 중요성을 알아도 생각처럼 안 되는 것이 인맥이다. 무엇보다 사람의 성격과 성향이 다르다. 어떤 이는 외향적이고 사교적이어서 관계를 쉽게 맺는다. 어떤 이는 내성적이어서 쉽게 관계를 못 맺는다. 사람에 따라 관계를 맺는 방법과 관계를 유지하는 스타일이 다르다. 바쁜 직장인들의 현실에선 쉬운 일이 아니다. 왜냐하면 좋은 관계를 맺어서 유지하는 데는 필연적으로 돈과 시간을 수반하기 때문이다.

나는 외향적이고 사교적인 성격의 소유자는 아니다. 굳이 말하자면, 보통의 인맥을 가지고 있다. 직장생활을 하면서 직·간접적으로 그동안 체험한 사항 그리고 평생 현역을 위한 필요한 인맥관리 대해서 필요하다고 생각하는 점을 공유한다.

먼저, 적을 만들지 말자. 인간관계에 있어서 가장 많이 하는 조언 가운데 하나다. 열 명의 친구가 한 명의 적을 당하지 못한다고 한다. 사회생활을 하다보면 별별 사람을 많이 만나게 된다. 각기 자라온 가정환경과 교육수준도 다르다. 우리는 서로 의사소통을 할 때 자기 자신의 지식과 경험을 바탕으로 상대방의 말을 이해하기 마련이다. '개'를 이야기 하면 도시에서 자란 사람은 '애완견'을 생각하고, 시골 농촌에서 자란 사람은 '똥개'로 생각한다. 또한 몸보신 하는 것을 좋아하는 사람을 '보신탕'을 생각한다. 이처럼 명확한 물리적인 단어에도 사람들의 생각은 제각기 다르다. 실제로 회의나 미팅 시 전체적인 내용을 명확히 이해하는 사람이 별로 없다. 사람들은 자기가 듣고 싶은 것만 듣는 경향이 있기 때문이다. 분명히 이야기를 하고 상대가 이해하는 것을 확인해도 나중에 물어보면 전혀 기억을 못하는 경우가 많다. 속칭 '사오정' 현상을 보게 된다.

적을 안 만드는 비결을 물어본다면, 나는 '인내'라고 말하고 싶다. 설혹 내가 옳더라도 참자. 하버드 대학의 테일러 박사는 '부정적 감정이나 생각의 자연적 수명은 90초'라고 말한다. 당장 크게 소리 질러서 논쟁하면 속은 시원해진다. 하지만 그때뿐이다. 그 후에 관계를 복구하는 데는 몇 배 많은 시간이 걸리고, 사람에 따라서는 관계 회복이 안 되는 경우도 있다. 도저히 참을 수 없을 때에는 잠시 자리를 피하자. 주변에서도 인간관계를 잘 하는 분들을 눈여겨보면, 인내를 정말 잘 하신다. 옛 말에 참을 인자 세 번이면 살인도 면한다고 했다. 법정 스님은 "나의 취미는 끝없는 인내다"라고 하셨다. 나도 직장생활을 하고 사회생활을 하다보면, 이따금 이해 안 되는 사람을 만난다. 그 경우에는 양보하고 참으려고 노력한다. 많은 경우 시간이 지나면 관계가 좋아지는 경우도 있고, 대부분 중립적인 관계로 발전하게 된다.

둘째, 자신의 전문성을 바탕으로 win-win 하는 시너지를 낼 수 있는 인맥관계를 구축하라. 생존을 위한 대인관계는 인맥구축이 핵심이다. 단순히 친목도모에서 그치는 인맥은 실제 도움이 필요할 때 도움이 안 되는 경우가 많다. 나의 입사초기 상관으로 모시던 임모 씨 또한 활달한 성격과 주요 핵심 보직을 거치면서 다양하고 많은 인맥을 자랑하던 분이었다. 퇴직 후 1년이 지나서 우연한 기회에 만났는데, 그 많던 인맥이 퇴직한 후에 연락하려고 하니 연락할 사람이 마땅치 않더라고 이야기 한다. 한두 번은 친목도모 차원에서 보는데, 그 이후에는 연락할 명분이 없다고 한다. 나는 이런 부분은 친목도모 위주로만 치우치는 인간관계 유지 방식에 있다고 생각한다. 만나서 술만 마시고 덕담만해서는 더 이상의 깊은 관계로 발전이 안 된다. 서로 자신의 전문성을 주고받을 수 있어야 관계가 발전한다.

미국의 경영학자 피터 드러커는 "좋은 인간관계를 유지하는 것은 자신들의 공헌에 초점을 맞추고, 나아가 다른 사람들과의 관계에서 공헌할 부분에 초점을 맞추고 있기 때문이다. 생산적이라는 것이야말로 바로 올바른 인간관계에 대한 단 하나의 타당한 정의다"라고 말한다. 특히 직장인들은 사내 인맥은 강한 반면 사외 인맥은 빈약한 우물 안 개구리인 경우가 많다. 회사 생활을 하는 데는 사외 인맥이 필요한 경우가 그리 많지 않기 때문이다. 생존경영을 하고자 하는 직장인들은 이 인맥에 집중할 필요가 있다. 자신의 전문성을 개발하는 과정에서 알게 된 사외 동료들, 특강으로 알게 된 저자와의 서로 도움을 주고받을 수 있는 관계가 되도록 하자. 어떤 인맥이 앞으로 나의 인생에 도움이 될지 예견 할 수는 없다. 하지만 분명한 것은 이런 상호간의 시너지를 낼 수 있는 인맥관계는 생존경영, 서드 피리어드를 헤쳐 나가는데 필요한 실질적인 핵심 인맥이라는 것이다.

셋째, SNS를 활용한 인맥관리다. 바쁜 직장인들이 인맥을 효율적으로 관리할 수 있는 툴 중에 하나가 페이스북, 카카오톡, 밴드와 같은 SNS다. 무엇보다 문자를 주요 매개체로 소통하니 명확하다. 그리고 바쁠 때에는 심플하게 간단한 문자와 이모티콘을 이용해서 안부를 묻고 답할 수가 있다. 나는 가족 간의 소통도 SNS를 이용해서 편리하게 하고 있다. 기존 전화나 직접 만나야 가능했던 일들을 쉽게 할 수 있어서 만족하고 있다.

　과거처럼 직접 만나서 술을 마시고 어울려야 새로운 인맥을 구축할 수 있다고 생각한다면 정말 시대착오적인 생각이다. SNS 최신 기능도 자기계발의 한 분야로 두면서 꾸준히 업데이트 해 나가야 될 사항이 되었다.

THIRD PERIOD

07

생존을 위한 재테크력

얼마 전 KBS 뉴스에 의하면 '정규직이어도 고용 상태에 불안감을 느끼는 직장인이 80%에 이른다'고 나왔다. 상시 구조조정과 조기퇴직 관행이 늘어나면서 직장인들 사이에 고용불안감이 커지고 있다는 것을 알 수 있다. 요즘 삼초땡, 즉 30대 초반이면 퇴직을 생각한다는 말도 일상화 되어가고 있다.

부모님 세대와 현재 우리의 환경은 완전히 바뀌었다. 부모님 세대에서 썼던 방법은 이제 거의 재테크 시 통하지 않는 시대가 되었다. 2008년 전까지만 해도 인플레이션 경제에 익숙했다. 집을 사면 무조건 집값이 올랐고 금리는 높았다. 부동산 수익, 이자 수익만으로 충분히 먹고 살 수 있었다. 집이 있고 은행에 돈이 있으면 큰 걱정하지 않고 살 수 있었다. 그러나 지금은 시장이 완전히 바뀌었다. 저금리, 저성장, 고령화, 고물가, 부동산 신화가 몰락으로 기존의 재테크 방식은 더 이상 통하지 않게 되었다.

부모님 세대에서는 30년 벌어 20년 먹고 살면 되었다. 이제는 30년 벌어 40-50년 먹고 살아야 한다. 현재 직장인들이 매달 월급받아 생활비, 교육비, 주택담보대출 상환하기에도 빠듯하다. 사실상 현재의 재테크 마인드와 방식으로 현재의 수입을 가지고 서드 피리어드까지 살기는 불가능하다. 나는 직장인들이 현재와 앞으로의 서드 피리어드를 위해서 다음에 소개하는 세 가지 재테크 전략을 융통성 있게 병행 구사해야 된다고 생각한다.

첫째, 직장 생활을 오래하는 것이 생존을 위한 근본 재테크 전략이다. 기본적으로 현재 세컨 피리어드(31-60세)를 충실히 살면서 서드 피리어드(61-90세)를 준비하는 것이다. 순간의 괴로움과 불만으로 섣불리 창업 전선에 뛰어든다면 가족의 생존이 위협받는다. 힘들 때에는 가족을 생각하라. 안정적인 수입을 바탕으로 출발하라. 금리가 내려가면 돈의 가치는 떨어지지만 일의 가치는 올라간다. 월급 300만원을 받는다는 것은 24억 원 이상의 금융자산을 은행에 예금해서 얻는 이자 수입(금리 2%, 금융소득세율

15.4%)과 비슷한 효과가 있다.

나의 선배들은 "퇴직이나 명예퇴직 후 실업급여를 받는 동안까지는 매달 받는 월급의 중요성을 실감하지 못해. 일단 실업급여가 끊기면 그때부터 '안정된 수입'이 얼마나 고마운지 알게 되지. 그 후로 퇴직금이나 저축해 놓은 돈 까먹기는 시간문제야"라고 말한다. 즉 2년 더 근무한다는 것은 2년 치 서드 피리어드에 쓸 자금을 더 준비할 수 있다는 말이다. 뿐만 아니라 우리가 직장에서 더 근무할 경우 퇴직연금이나 국민연금의 납입 기간이 늘어난다. 그만큼 적립금액을 더 쌓을 수 있고, 건강보험료 같은 비용을 절감할 수가 있다. 건강보험료는 퇴직 후 직장가입자에서 지역가입자로 변경이 된다. 회사 다닐 때에는 회사에서 50%를 지원해 주지만 퇴직하면 상황이 바뀐다. 건강보험료 폭탄이라고까지 하지 않던가! 일부 연예인들은 건강보험료를 아끼려 위장취업까지 한 사례도 있다.

'3층 연금'은 서드 피리어드 준비의 기본중의 기본이다. 왜냐하면 이 연금으로 서드 피리어드에 매월 월급 받는 것처럼 돈을 받을 수 있기 때문이다. 3층 연금체계는 세계은행이 1994년 발표한 보고서 '노년위기의 모면'을 통해 본격 제시했다. 3층 연금이란 국민연금(기초생활보장), 퇴직연금(안정생활보장), 개인연금(여유롭고 풍요로운 생활보장)을 말한다. 직장생활을 오래할수록 이 연금납입기간은 늘어난다. 다시 말해, 직장생활을 오래하는 것이 연금을 통해 현재뿐만 아니라 미래에도 매월 적정한 생활비가 나올 수 있도록 하게 하는 것이다. 그것이 앞으로 인생후반에 닥칠지도 모르는 위험을 최소화 하는 길이다.

둘째, 주업 외에 자신의 전문성을 바탕으로 현금흐름을 만들 수 있는 능력을 갖추자. 정년퇴직 후에도 현역으로 살아야 되는, 뛰어야만 되는 시대가 오고 있다. 물론 지금 현재도 포함된 이야기다. 현재 한국인의 건강수명은 71세다. 점점 건강수명이 늘어나는 것을 고려하여, 나는 80세까지는 현역으로 뛰고자 한다. 이것은 생존이 달린 문제다. 2014년 국민연금연구원 패널 조사에 따르면, 건강한 부부의 적정 노후 생활비가 205만원이다. 서드 피리어드의 현금흐름을 만들 수 있는 능력은 생존을 위해서도 중요하다. 단 100만원이라도 벌 수 있는 현금흐름을 만들 수 있는 능력을 갖추게 된다면 생활의 질이 달라질 것이다.

이 능력은 단순한 창업을 의미하지 않는다. 흔히 하는 창업 아이템 1순위인 편의점, 카페, 치킨 가게를 이야기 하지 않는다. 나다움을 바탕으로, 나의 전문성을 바탕으로 만들어내는 경제능력을 말한다. 전문성이 없을 때에는 자기가 좋아하는 취미나 관심

분야를 활용해서 시작해도 된다. 그 경우 요즘에는 SNS를 통해 자신의 취미가 비슷하거나 관심분야가 비슷한 사람을 쉽게 만날 수가 있다. 실질적인 정보를 구할 수가 있다. 단순히 즐기는 차원에서 한 걸음 더 나아가보자. 비즈니스 관점에서 바라보자는 것이다. 그러면서 주말 등 시간이 될 때 투잡을 시도해보자. 많은 시도를 해서 10-20만원이라도 벌수 있다면 대단한 사건이 된다. 50대 이후 시장에서 구직활동을 하신 분들의 이야기를 들어보면, 1백만 원 짜리 일자리 구하기도 쉽지 않다고 한다.

직장에서 주어진 일로 돈을 받는 것과 내가 주체적으로 일을 벌려서 돈을 버는 것과는 근본적으로 다르다. 이것은 정말 소중한 경험이 된다. 이 경험은 내공을 쌓는 과정이다. 어떤 재능이 시장에 통하고, 어떤 재능은 시장에서 통하지 않은지를 검증할 수 있는 기간이다. 임상실험 과정이라고 할 수 있다. 현재 30-40대의 시도가 중요한 의미를 갖는다. 본인의 전문성이 부족하거나 없는 사람들은 자신의 재능을 바탕으로 새로운 전문성을 쌓을 수 있는 시간이 될 것이다. 전문성이 있는 사람은 자신의 전문성을 차별적 전문성으로 업그레이드 하는 기간이 될 것이다. 나아가서는 남들과는 결정적으로 다른 '차이'를 가져올 수 있는 차별적 전문성을 갖추게 될 것이다.

셋째, 남들과 차이가 만들어 낼 수 있는 차별적 전문성으로 '초연결 온·오프 지식 생산자 시스템'을 갖추자. 나의 세계를 구축하자는 것이다. 이제 나는 정보를 만들어내는 사람으로 환골탈태되는 것이다. 나의 세계를 통해 현금흐름을 만들어낼 수 있는 시스템을 구축하는 것이다. 평생 현역으로서의 우뚝 서는 것을 이야기한다. 온라인에선 SNS에 자신의 전문성을 알릴 수 있는 공간을 만들자. 여러 사람과 공유를 통해 자신의 전문적 지식과 경험을 공유하고 피드백을 통해 보완 및 개선하여 자신을 전문성을 더욱 예리하게 하자. 이를 바탕으로 책 쓰기를 통해 자신만의 전문적인 세계를 알리자. 그리고 오프라인 강의나 코칭, 컨설턴트로 평생 현역으로 사는 길을 마련하자.

직장생활을 7-8년 정도하면 업무도 익숙함을 넘어 안정기에 들어간다. 그러면 우리는 제2의 사춘기와 같은 방황을 하기 한다. '이 일을 평생하면 행복할까?', '이 길이 나에게 맞는 길인가?'라고 생각하면서 40대가 가까워지면 거의 체념하게 된다. 직장선배들은 "내가 승진해서 올라갈 수 있는 위치의 한계도 보이고, 입사 초기에 열정이 사라진다"고 말한다. 마음을 달래려 직장동료들을 만나서 술 한 잔 기울여도 보지만, 진정 효과는 술 마시고 이야기할 때뿐이다. 퇴직하는 선배들의 이야기를 들으면서 이제 남의 일이 아니다는 생각도 든다. '벌써 꿈을 잃어버린 걸까?' 자존감도 떨어지고 눈빛이 흐려지기 시작한다. '인생은 야구다', '야구는 인생이다'라고 비유한다. 이것은 야구처럼 끝까지 경기를 지켜봐야 된다는 의미를 내포하고 있다. 앞으로 무슨 일이 벌어질지 4회 말까지는 앞서 나갔는데, 8회에서 9회에서 역전 당할지 아니면 8회 말까지는 졌는데 9회 말에 역전될 지는 끝까지 가봐야만 한다. 풍요로운 서드 피리어드를 위해 포기하지 말고 달려가 보자.

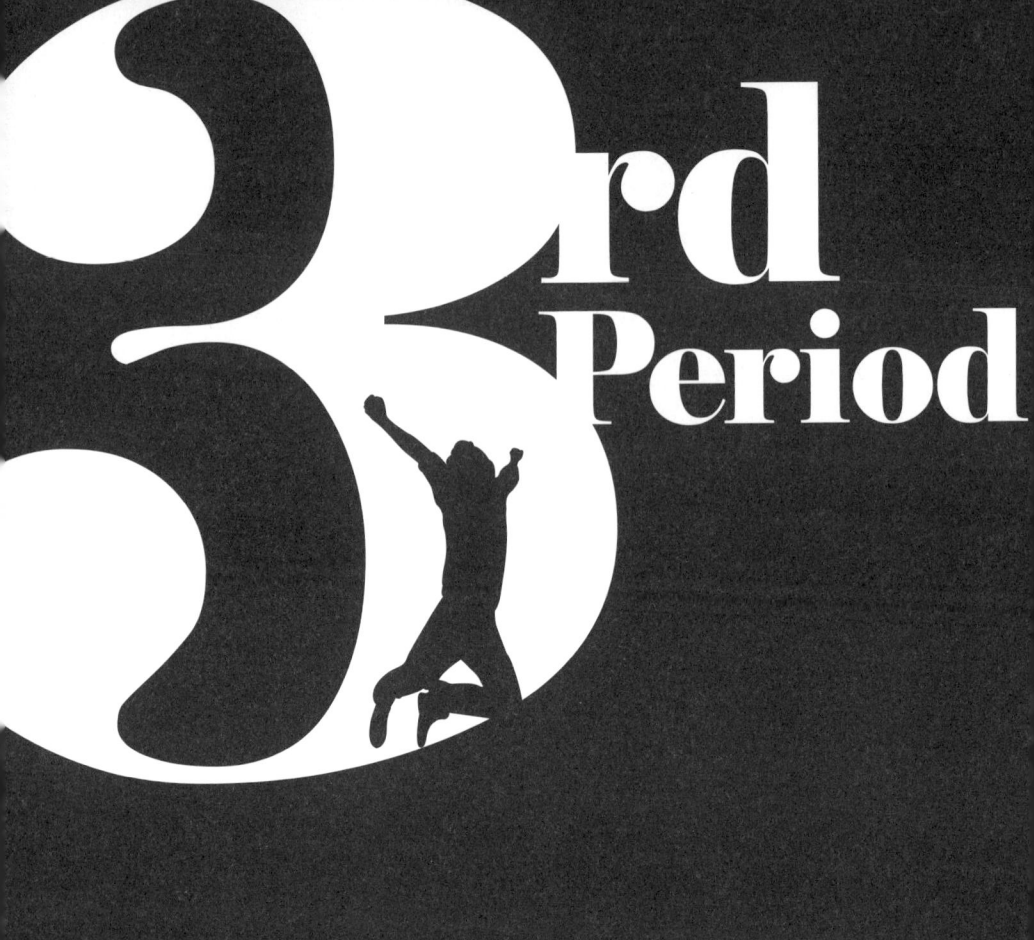

··· 제4장

평생업을 위한 준비와 실전

THIRD PERIOD

01

평생 현역의
롤모델을 찾아라

    쓰나미처럼 밀려오는 거대한 변화의 파도는 머지않은 장래에 우리가 타고 넘어서야 할 엄연한 현실이 되었다. 피할 수 없는 현실인 것이다. 나를 변화시키고 준비하여 평생 현역으로 우뚝 서는 것은 나와 가족의 생존이 달린 절박한 문제가 되었다. 수명의 연장이 인류에게 축복과 동시에 재앙 아닌 재앙이 되어 이렇게 우리 삶의 패러다임을 바꾸게 될 줄은 아무도 몰랐을 것이다. 지금의 변화는 그 누구도 겪어본 변화가 아니다. 그래서 평생 현역으로 성공적인 서드 피리어드를 살고 있는 적절한 롤모델을 찾는 작업은 쉽지 않은 작업이었다. 평생 현역의 길을 먼저 걷고 있는 분들의 삶을 들여다보자.

> 교수에서 대중 강연가로, 인기 작가로
> 평생 현역의 길을 찾은 사람
> ## 50대 김정운 교수

　김정운 교수는 우리에게 뽀글뽀글 파마머리 그리고 책과 강연으로 더 널리 알려져 있다. 고려대학교 심리학을 전공하고 독일로 건너가 베를린자유대학교 대학원에서 박사학위를 취득했다. 국내에 들어와서는 교수, 베스트셀러 저자, 강연가로 살았다. 그러던 그가 2012년 만 50세가 되던 해, 잘 나가던 교수직을 그만두고 '난 이제부터 내가 하고 싶은 일만 한다!'고 1월 1일 다이어리 첫 페이지에 쓰고 일본으로 건너가 미술과 저작활동에 몰두하고 있다. 일본에 체류하는 동안 여러 권의 책을 출간하기도 했다. 그가 펴낸 「가끔은 격하게 외로워야 한다」 책에 이렇게 쓰여 있다.

> "지난 50년은 어쩔 수 없이 밀려 살았지만, 나머지 50년은 정말 내가 원하는 '내 인생'을 살아보고 싶었습니다. 그래서 바로 일본으로 건너왔습니다. 결심은 원대하게 세웠지만, 정작 내가 무엇을 하고 싶은지는 떠오르지 않았습니다. 나는 스스로에게 크게 절망했습니다. 주체적으로 살아야 한다고 그렇게 외치고 다녔지만, 그런 삶을 위한 준비가 전혀 되어 있지 않았던 겁니다. 요즘 '하고 싶은 일 마음대로 하고 산다'며 부러워하는 이들이 많습니다. 그러

면 제가 꼭 물어봅니다. 그대는 무엇을 하고 싶으신가요?
다들 당황합니다. 자신이 뭘 하고 싶은지 모릅니다. 기껏
해야 세계여행입니다."

- 「가끔은 격하게 외로워야 한다」(김정운 저) 中

이 내용은 평생 현역다움을 찾는 사람들에게 던져 주는 메시지가 크다고 생각한다. 일반 사람들에 비해서 많은 경험을 가지고 있는 김정운 교수도 자신과의 대화의 시간이 필요하다는 것이다. 이 책에서 여러 장을 통해서 '나에 대해 알아가는 과정'을 별도로 설정한 이유이기도 하다. 이 근본 문제가 해결되지 않고서는 앞으로 나아가지를 못한다. 100권의 자기계발서가 무용지물이 된다.

평균수명 100세 시대의 인간 수명 연장에 따른 개인들의 문제에 대해서 그는 두 가지 비결을 제시했다. 바로 공부와 외로움을 평균수명 100세 시대를 행복하게 사는 비결이라고 말한다. "직장의 개념이 아니라 나만의 콘텐츠를 만들어서 평생 몰두 할 수 있는 일을 만드는 게 중요해요"라고 말이다.

> 40여 년간 여섯 차례나 퇴직을 하고 직장을 바꾸면서도
> 자기계발로 끊임없이 새로운 업을 창출
> ## 60대 조관일 창의경영연구소 대표

지방대학(춘천 농과대학) 졸업, 농협공채 입사 평사원으로 출발, 임원(상무)으로 농협중앙회 퇴사, 강원도 정무부지사와 대한석탄공사 사장 역임, 퇴직 후 자신의 이름을 내건 창의경영연구소 설립, 유명 강사, 49권의 책 발간.
전설적인 이력을 가진 조 대표는 이 모든 것을 본인의 자기계발로 이루어낸 인물이다. 자기계발을 하게 된 배경에 대해서 그는 자신의 저서 「직장을 떠날 때 후회하는 24가지」에서 다음과 같이 이야기 한다.

"지방대학을 마치고 농협에 공채로 입사해서 동료들과 어울리며 지내는 평범한 직장인이었다. 여가 시간에 고스톱이 유행했던 당시 그는 직장 동료들과 하루하루를 퇴근길에 동료들과 어울려서 술 마시고 고스톱 치는 시간을 보냈다. 나중에는 중독현상까지 나타났다고 한다. 그러다 곧 정년퇴직을 앞둔 선배가 마주앉아 고스톱에 열중하는 모습을 보고 머리를 얻어맞는 듯한 충격을 받았다고 한다. 곧 정년을 맞는 그 선배의 모습이 미래의 자기 모습이라는 사실을 깨달았던 것이다. 그 자리에서 그는 결단을 내

렸다. 그는 동료들과 어울리기를 그만두고 자신의 가치를 실현할 새로운 목표를 찾기 시작했다. 성실한 회사생활을 하는 것과 동시에, 가치 실현을 위한 노력을 계속하게 된 것이다."

조 대표는 말한다. "당시 농협을 방문하는 고객 대부분이 농민이었는데, 스타일이 다소 투박하고 거친 탓에 창구 직원들이 응대하기가 어렵다고 호소하더군요. 고객들은 직원들이 불친절하다며 불만을 토로하고요. 악순환이었습니다. 그때 목표를 설정했어요. '춘천에서 최고의 서비스 전문가가 되자'고 말이죠. 이후 농민에게 허리를 숙여 인사하고, 대출 서비스를 알아듣기 쉽게 설명했어요. 그랬더니 실적이 점점 좋아지더군요."

이런 조 대표를 눈여겨 본 같은 부서에 근무하는 선배가 책 쓰기를 권유했고, 그는 자신의 운명을 바꾸게 된 첫 번째 저서 「손님 잘 좀 모십시다」를 출간하게 되었다. 그렇게 출간하게 된 첫 책은 어떻게 된 일인지 농협중앙회 회장의 손에까지 들어갔다. 회장님의 호출이었다. 당시 춘천에서 근무하던 저자에게 서울로 올라와 중앙회 전 직원을 교육시키라는 지시가 떨어진 것이었다. 그렇게 저자는 서울 입성(?)에 성공했고, 과장으로 승진하기까지 했다.

"제가 첫 책을 서비스에 대한 주제로 쓰지 않았다면 농협에서 퇴출당했을 거예요. 농협이 필요로 하는 서비스, 친절에 대해 썼기 때문에 그 분야에서 능력을 인정받고 직장에서 아낌을 받고, 그 바람에 빨리 승진이 됐죠. 내가 지금 있는 직장에서 진심으로 튀고 싶다면 그곳에서 남다른 세계를 만들어내서야 해요. '내가 이런 사람이다' 내보일 수 있는 것 중에 하나가 책이라는 거죠."

직장에 다니며 책을 쓰는 동안에는 동료들과 어울려 술을 마시면서도 속이 든든했다고 한다. '나에게 어쩌면 내일쯤 기똥찬 일이 벌어질지도 몰라' 하는 기대 때문이었다. 32년 동안 49권의 책을 쓰면서 '32년 동안 항상 기대와 희망에 살았노라'고 그는 회상했다.

- 채널예스 中

조관일 대표는 그 후로도 끊임없는 노력을 계속해왔다. 여섯 차례나 퇴직을 하고 직장을 바꾸면서도 자기계발로 끊임없이 새로운 업을 창출하는 평생 현역의 길을 오늘도 걷고 있다.

> **조관일 대표의 성공 포인트 5가지**
>
> 1. 유명인의 성공 스토리텔링에 현혹되지 마라. 사람마다 능력과 한계가 다르다. 자신만의 세계를 만드는 게 중요하다.
> 2. 한번 맺은 인연을 소중히 여겨라. 인간관계에서 나쁜 인상을 남기지 마라. 그 인연이 나를 어떻게 이끌지 모른다.
> 3. 기성세대가 비록 꼰대일지라도 무조건 반감만 갖지 마라. 그들의 세계와 능력은 우리가 생각하는 것보다 더 크고 강하다. 그들과의 인연을 나의 발전 동력으로 삼아라.
> 4. 끊임없이 시도하라. 당장 성공으로 연결되지 않아도 훗날 결정적인 역할을 할 수 있다.
> 5. 평소에 잘해라. 정년으로 은퇴한다고 해서 끝이 아니다. 다른 조직에서는 신규 직원으로 채용될 수 있다.
>
> — 정책뉴스 中

역경을 딛고 재기하여 강사로 활동
70대 뽀빠이 이상용

"엄마가 보고플 때 엄마 사진 꺼내 들고" 〈우정의 무대〉를 통해 히트했던 '그리운 어머니'의 노래 가사 중 일부이다. 90년대 초중반 당시 진행자인 이상용 씨는 전국적으로 인기를 얻으면서 주제곡인 이 노래도 크게 인기를 얻었다. 그러나 1996년 10월 27일에 이상용 씨는 프로그램 진행도중 공금횡령사건에 연류하게 되었다. 1997년 2월 무혐의로 풀려났으나, 이 사건으로 프로그램은 이미 다른 진행자로 교체되었고 결국 종영되었다.

보도에 의하면, 이상용 씨는 "당시 정치권으로부터 국회의원 출마 제의를 받았다"라고 밝혔다. 그때 이상용 씨는 "4년짜리 국회의원보다 영원한 뽀빠이를 하겠다"라고 거절했다고 한다. 바로 그날 〈우정의 무대〉 녹화를 하고 있었는데, 갑자기 무대조명이 꺼졌다. 그게 마지막이었다고 그는 말했다. TV 시사프로그램에 사건이 보도될 만큼 이상용 씨는 전 국민 지탄의 대상이었다. 비록 무혐의로 누명은 벗었지만, 이미 모든 것을 잃어버린 후였다. "공금횡령 누명에 여러 번 자살을 생각했다. 억울함에 자해까지 하고 한 쪽 눈의 시력을 잃을 정도로 고통 받았다"고 밝힌 이상용 씨는, 그 후 미국으로 건너가서 관광버스 가이드 생활을 하며 지냈다. 2년을 지낸 후 가족에 대한 그리움으로 한국에 돌아왔다. 하지만 그는 마땅히 일할 곳을 찾을 수 없었고, 결국 비밀 하우스에서 일용직으로 일을 시작했다.

현재 만 73세인 이상용 씨는 모든 역경을 딛고 일어나 제2의 전성기를 맞고 있다. 매달 100건의 가까운 강의, 심지어 대학축제 MC까지 나간다고 한다. 나는 그 재기의 힘은 이상용 씨, 그 만이 가지고 있는 자기관리 능력이라고 본다. 40년을 매일 같이 새벽 4시에 일어나서 조깅하고 역기를 하며 태어나서 한 번도 술과 담배를 손에 대지 않았다고 한다. 믿을 수 없을 정도의 자기관리 능력이다. 또한 직업적으로 철저히 공부하는 프로 근성이다. 이상용 씨의 대학교 스프링 노트에 작성된 강의 레퍼토리가 무려 107권이라고 한다. "이렇게 레퍼토리가 꽉 차지 않으면, 이 나이에 마이크를 주지 않아요. 바쁠수록 그래야만 레퍼토리가 새롭고, 옛날에 있던 것 빼고 또 끼고 이런 식으로 공부를 안 하면 머리가 안돌아가요. 그래서 매일 공부해야 해요." 노트 한 권 정리한 분량으로 계속 우려먹는 MC나 강연가들도 있다. 내가 MC 공부할 때 대학교 스프링 노트 한 권을 채우는데 무려 네 달 이상이나 걸렸다. 그가 얼마나 열정적으로 현재 살고 있는지 알 수 있는 대목이다. 참고로, 직장 업무상 현재 행사에서 활동은 못하고 있지만, 나는 '드림즈'라는 클럽의 회원으로 소속되어 정기모임 및 진행에 대한 공부를 하고 있다.

아울러 그는 가치를 전하는 삶을 살고 있다. 한 가지 예로, 지난 30여 년 동안 심장병 어린이 돕기로 무려 567명의 어린이에게 새생명을 주었다. 치료해 주면서 쓴 돈이 대략 80억 원이 넘는다고 한다. 그리고 '인생을 살아오면서 중요한 것은 무엇이라고 생각하는가?'라는 질문에 그는 이렇게 이야기 한다. "호미는 밭에 있어야 호미지, 대장간 부뚜막에 있는 것은 아직 호미가 아니다. 진정한 쓰임새가 있는 사람은 고통이 따른다. 자신이 있어야 할 자리에 있을 때 비로소 빛날 수 있다. 농구를 아무리 잘해봐야 야구장에 가면 헛 것이다."

활발하게 활동하는 지식인, 지의 최전선이자 우리 시대의 멘토
80대 이어령 초대 문화부장관

이어령 교수는 소개가 필요가 없을 정도로 우리나라 대표 지성으로 불린다. 평론가, 소설가, 시인, 언론인, 교수, 행정가로 활동했다. 올해 83세인 이어령 교수는 어르신다운 어른이시다. 어떻게 늙어야 되는지를 말이 아니라 삶 자체로 보여준다. 믿기지 않을 정도로 이 교수는 열린 사고와 새로운 시각으로 저술과 강연 그리고 칼럼기고 등 평생 현역으로 현재에도 활발하게 활동하고 있다. 사람들이 감탄하는 점 중에 하나가 '이어령 교수의 서재'이다. 문화심리학자 김정운 교수도 한 TV 특강에서 "80세가 넘는 어른한테 지식이 상대가 되지 않는 것이 너무너무 상처가 된다"라고 말한 적이 있다.

> "이어령의 서재는 디지로그 전시장이다. 3만여 권의 장서와 7대의 컴퓨터, 태블릿과 킨들이 클라우드 컴퓨팅으로 연결되어 있다. 7대의 컴퓨터가 있는 작업실 책상, 이어령은 소문난 얼리어답터다. 88서울올림픽 개·폐회식 시나리

오를 작성하기 위해 삼성 워드프로세서 1호를 구입했을 정도다.

책을 읽거나 웹서핑을 하다가 기억해야 할 내용이 나오면 스캔해서 PDF 파일로 보관한다. 하드디스크에 저장된 파일을 제외하고 'Evernote'라는 어플리케이션에 보관된 파일만 10,113개였다. 이렇게 만들어진 자료는 과학기술, 교육, 글로벌, 기업경제, 도시환경, 동식물, 동양아시아, 디자인 등 세분화된 폴더로 들어가 집필에 이용된다.

이어령의 서재를 찾았을 때, 그는 안락의자에 앉아 아이패드로 전자책을 보고 있었다. 플라톤 전집이었다. 아이북스(iBooks)의 가상 책장에는 도스토엡스키 전집과 「일리아드」, 「오디세이」, 「손자병법」 같은 고전이 빼곡했다. 아마존 킨들엔 「파우스트」와 최신 이론서들이 있었다. 이어령은 전자책을 읽다가 색인 기능을 이용해 수시로 필요한 부분을 찾아냈다. 이어령은 전자책과 아날로그 책을 구분하지 않았다."

- 「바이오그래피 매거진(Biography Magazine) ISSUE. 1: 이어령」 中

이분 연세가 벌써 80대 중반이다. 젊은 사람보다도 한발 앞서는 얼리어답터이자, 믿기지 않을 정도로 왕성하게 끊임없이 공부하고 있다. 나날이 새로워지는 이 분의 공부가 최첨단의 이 시대에도 아직도 그를 찾는 이유다.

"마지막 꿈이 무엇입니까?"라는 질문에 그는 다음과 같이 말한다. "지금도 집사람이 그래요. '여보, 이번엔 시간에 쫓겨서 쓰지 말고 한 권을 내더라도 차분히 써요'라고요. 그러면 나는 이러죠. '이제껏 허드레 같은 글만 써 놓고, 정말 쓰고 싶은 글은 한 줄을 써도 제대로 쓰려고 귀중한 자료는 다 모아 놨는데 이제 80살이 됐지 않느냐고.' 옛날엔 돈과 시간에 쫓겼는데 이젠 여유가 생겨도 시간이 날 기다려 주지 않아요. 80이 지나면 그래요. 내일이란 게 없어요. 시한부 인생하고 똑같아요. 1분 1초가 아깝고, 이 1초를 어떻게 아끼느냐가 문제인데, 발버둥 쳐 봐도 일정표를 보면 새까매요. 80년 살아오면서 사람들한테 얼마나 빚을 졌겠어요. 그걸 갚아야 되는 거예요." 혹 당신 나이가 이제 40-50대라고, 나이가 좀 있다고 새로운 것을 배우는 것에 그동안 주저했다면 이번 기회에 다시 새롭게 마음을 잡아보라.

> 젊은 시절에는 날카로운 지성으로,
> 80-90대가 되면서는 인생의 성찰을 담은 책과 강의를 통해
> 중년에게 깨달음을 주는 인생의 멘토
> **90대 김형석 교수**

　　100세 시대, 평생 현역이라는 용어가 일상화 되어가고 있는 이 시대의 대표적인 인물을 꼽으라고 한다면 단연코 김형석 교수일 것이다. 올해 우리 나이로 98세인 지금도 활발하게 강연활동과 저술활동을 하는 현역이다. 2년 후면 100세가 되지만, 최근 그는 그 어느 때보다도 TV 강연과 각종 언론매체 인터뷰 등으로 젊은 사람보다도 바쁘다. 나이가 좀 있는 유명인들이 강의를 할 때 앉아서 강의를 하는 경우가 많은데, 김형석 교수는 강의할 때 여전히 서서 강의를 한다. 나는 서서 강의하는 그의 모습을 보고 놀랐다. 많은 사람들이 이를 보고 그분의 건강 비결을 묻는다. 김 교수는 건강의 비결로 '일'이라고 답한다. "내가 건강을 유지할 수 있는 건, 아마 '일' 때문이었다고 봐요. 칸트나 슈바이처가 그랬듯 일을 많이 하는 사람이 건강했잖아요."

　　"40이 넘으니 머리가 예전 같지 않아. 순발력도 떨어지고 말이야"라고 직장인들 사이에서는 흔히 이야기 한다. 이 늙어감에 대해서 김형석 교수는, "인생은 늙어가는 것이 아니라 익어가는 것입니다. 꽃이 피었다가 열매를 맺고, 그 열매가 익어가는 것과

같은 이치죠"라고 정의한다. 그렇다면 언제가 가장 좋은 때인가? 김형석 교수는 다음과 같이 답한다. "정신적 성장과 인간적 성숙은 한계가 없습니다. 노력만 한다면 75세까지는 성장이 가능하다고 생각합니다. 나도 60대가 되기 전에는 모든 면에서 미숙했다는 사실을 인정하고 있습니다." 김형석 교수는 자신의 절친인 안병욱 교수 그리고 김태길 교수와 함께 모여 인생에서 '계란 노른자'라고 할 만한 나이가 언제였는가를 놓고 서로 허심탄회하게 이야기해 보았다고 한다. 그랬더니 '60-75세까지가 가장 생신적이고 보람이 있었다는데 의견이 모아졌다고 한다. 많은 경우 나이로 인해 도전을 주저하는 경우가 있는데, 이 분의 이 말씀은 우리의 고정관념을 깨준다.

〈백년을 사는 법〉이라는 한 TV 강의에서 김 교수는 '100세 시대를 알차게 보내기 위해서는 50대에 계획을 세워야 85세까지 잘 살 수 있다'고 강의했다. 그는 50대에 계획을 세우는 사람을 일관성 있고 보람된 인생이라고 정의하면서 50-60세에는 순탄한 삶, 60-75세에는 생산적이고 창조적인 삶, 75세 이후에는 성장하는 삶을 살 수 있다고 말한다. 반면, 50세에 계획이 없는 사람은 뒤늦게 서둘러도 남는 게 없는 삶이라고 했다. 중년이 지나 사회에서 은퇴를 해도 공부와 일을 멈추지 않는다면 80세 이후에도 알찬 삶을 살 수 있다. 사회적 지위는 낮아질지라도 개인의 수준을 높이면 사회에서도 찾아준다는 것이다. 나는 이 부분의 강의를 들으며, 이 분이 이런 마인드를 가지고 살았기에 평생 현역을 살고 계시는구나 하는 생각을 했다.

한 가지 더 살펴보면, 김 교수는 포브스 코리아 인터뷰에서 '어떻게 살아야 후회하지 않는 삶일까?'라는 질문에 다음과 같이 밝혔다. "나 자신도 과거를 돌이켜보면서 뒤늦게 발견한 인생의 교훈이 있다. 인생에서 50-80세까지는 단절되지 않은 한 기간으로 보아야 한다. 공자도 말했지만 50은 지천명(知天命), 즉 하늘이 맡긴 사명을 깨닫는 나이다. 그래서 나이 50세부터는 내가 80세가 되었을 때 적어도 어떠어떠한 삶의 조각품을 완성해야 하겠다는 계획과 신념, 꾸준한 용기를 갖고 제2의 마라톤을 달리는 각오로 재출발해야 한다. 해야 할 것과 하지 말아야 할 것을 정해야 하고, 확실한 가치관과 인생관을 가지고 살아야 한다. 나이 50쯤 됐을 때 내가 어떤 인생을 살게 될까를 고민하는 사람과 그렇지 않은 사람은 나중에 인생 자체가 달라진다. 50에 자기 인생을 고민하는 사람은 그 후의 자신의 삶이 갈지자를 그리지 않는다. 그냥 직선으로 간다. 하지만 고민하지 않는 사람은 혼란을 겪는다."

이 부분을 보면서도 나는 김형석 교수가 50세부터는 '서드 피리어드를 대비하라!'는 숨은 메시지를 읽을 수 있었다. 이 분이 그렇게 살아왔기에 평생 현역으로 몸소 본보기가 되어주고 있는 것이다. 그러나 나는 사회적인 흐름이 바뀌고 있고 평균 퇴직연령이 53세임을 고려하면, 50대에는 이미 늦다고 생각한다. 30대 후반에서 40대에 접어들면 준비를 시작하라!

끝으로, 행복한 노년을 보내는 방법에 대해서는 "행복한 노년을 살려면 세 가지를 잘 지키면 됩니다. 공부, 취미, 봉사지요"라고 말씀한다. 어르신다운 말씀이다. 서드 피리어드에는 가치를 전하며 살아야 하겠다는 생각을 더욱 다지게 된다.

THIRD PERIOD

02

나의 이력을 정리하라

　'중학교 언제 졸업했어요?'라고 30대 후반 이후 직장인들에게 물으면 상당수의 사람들이 바로 대답하지 못한다. 졸업연도를 계산해야 하기 때문이다. 질문이 오래된 일이라서 바로 답하기 어렵다면, '2주전 주말에 무엇을 하셨나요?'라고 질문을 하겠다. 하지만 특별한 이벤트가 없었다면 이 역시 바로 대답하기 어렵다. 우리는 망각의 동물이기 때문이다.

　평생 현역다움의 새로운 길을 가기 위해서는 먼저 자기 자신이 걸어왔던 길을 돌아다봐야 한다. 그래야 그것을 바탕으로 명확한 방향을 정해서 나아갈 수 있기 때문이다. 살아온 30년 또는 40

년 이상의 시간동안 자신이 걸어왔던 길을 구체적으로 기억해 내기는 어렵다. "내가 무엇을 하고 무엇을 좋아하며 지금까지 지내왔는가?" 하지만 기억해 낼 수 있는 여러 보조 장치들, 예를 들면 졸업장과 상장과 사진과 친구와 선후배와 가족 등을 활용하면 자기 인생의 굵직한 큰 흐름은 짧은 시간 내에 정리할 수 있다.

이장의 주요 목적은 자신의 이력을 정리해보는 것이다. 사람들은 대체로 자기 자신에 대해서 잘 모르는 경우가 많다. 객관적이기 보다는 주관적으로 보는 경향이 강하다. 사람의 성향에 따라 자기 자신을 과대 포장하는 사람도 있고, 아니면 반대로 축소해서 생각하는 사람도 있다. 이렇게 되면 자기 자신을 정확하게 진단할 수가 없다. 이력 정리라고 해서 거창하게 생각할 필요는 없다. 사실 중심으로 정리하면 된다. 나는 처음이라 너무 막연하게 생각하시는 분들을 위해서 3단계 정리방식을 제시한다. 이를 참고해서 정리하면 된다.

1단계는 연대기 이력을 작성하자. 자신의 인생을 연대기 식으로 정리하는 것이다. 우리 한 사람 한 사람은 너무나 소중한 존재다. 직업의 귀천이 없듯이, 내가 살아온 인생도 귀천이 없다. 우리 한 사람 한 사람은 저마다 꽃이고 보석이며 소중한 존재임을 잊지 말자!

1단계는 방식은 작성이 쉽다. 출생에서 현재까지 연대순으로 나열하여 작성하는 방식이다. 자신의 나이대별로 언제 유치원과 초·중·고등학교를 입학해서 졸업을 했는지, 대학은 언제 진학했고 중간에 휴학했는지 등 있었던 모든 일들을 편안한 마음으로 나열하면 된다. 처음 작성하려면 막막할 수도 있다. 특히 초·중·고등학교 시절 기억이 선명하게 안날 수도 있다. 그럴 경우 졸업앨범이나 옛 사진을 참고하면 하나씩 떠오르게 된다. 작성을 완료해서 보면 왠지 뿌듯한 생각이 들 것이다. 내가 살아온 인생이 1-2페이지 안에 들어가 버리기 때문이다. 내가 지금 어디에 서 있는지도 보인다. 별 것 아닌 작업인데도 안정감마저 든다. '나'라는 역사의 틀이 갖춰진 것이다. 이 바탕 위에 '평생 현역의 새로운 역사'를 시작해보자.

```
1977. 02. 15.    서울 출생
1983. 03.        서울 은로초등학교 입학
1989. 03.        서울 경성중학교 입학
⋮
1995. 03.        경기대학교 입학
⋮
2003. 01.        S전자 입사
2017. 현재       S전자 기업영업팀 근무
```

2단계는 공부 이력을 작성하자. 우리는 정말 열심히 살아왔다. 열심히 학교도 다니고 직장생활도 하며 틈나는 대로 자기계발도 하고 있다. 이번 단계에서는 편안하게 공부했던 옛 기억을 떠올리면서 하나씩 기록해보자. 내가 배울 수 있었던 모든 과정은 공부다. OOO과정 수강, 자격증 취득, 모임활동 그리고 특성화 고등학교와 대학교는 전공 공부도 기록해 두자. 배움의 기간이 너무 적은 내역은 작성 시 제외해도 된다.

구분	과목명	기간	숙달도 및 기타
초등학교	피아노	3년	중
	태권도	3년	2단
중학교	웅변학원 수강	6개월	전국웅변대회 3위 입상
고등학교	사진 동아리 활동	2년	중
	볼링 클럽 활동	3년	상
	:	:	:
대학교	경영학과 전공	4년	-
	:	:	:
	주식투자 동아리 활동	2년	중
직장	IT전문과정 수료	6개월	중
	대학원 수료	2년	상
	:	:	:

3단계는 직무 이력을 작성하자. 내가 해왔던 업무 가운데 하나가, 혹은 지금하고 있는 업무 가운데 하나가 평생 현역다움을 살게 해주는 주요 필살기가 될 수 있다. 직장인들은 대부분 주어

진 일들을 처리한다. 직무 이력은 작성하는 과정에서 내가 하고 있는 업무를 다시 한 번 들여다 볼 수 있는 기회가 된다. 이번 단계도 편안한 마음으로 작성하면 된다. 대부분의 회사에는 인사시스템이 구축이 되어있다. 작성하는데 어려움은 없을 것이라 생각된다. 작성 시 유의사항은 영업, 기술단위의 뭉뚱그린 업무단위가 아니라 세부업무 단위로 작성해야 된다는 것이다.

연대기 이력서, 공부 이력서, 직무 이력서를 작성하면서 자기 자신이 살아온 길과 내가 무엇을 공부하며 살아왔는가 그리고 현재 회사에서는 무슨 일을 해오며 살아왔는가를 살펴볼 수 있었다. 앞장에서 살펴본 롤모델들의 삶을 살펴보며, '내가 어떤 유사한 길을 걸으며 살아야 하나'라고 생각도 해보고 스스로 평가도 한 번 해보자. 중요한 것은 이제부터다. 이제 작성된 이력을 바탕으로 어떤 분야에 내가 경험이 많은지를 객관적으로 보고, 이를 바탕으로 우리가 새로운 이력을 앞으로 만들어 가보자.

THIRD PERIOD

03

내가 좋아하는 일, 잘 하는 일, 하고 싶은 일을 찾아라

"You've got to find what you love!"(당신이 사랑할 것을 찾으십시오!)

\- 스티브 잡스(Steve Jobs)

스티브 잡스가 지난 2005년 스탠포드대학교 졸업식 축사에서 졸업생들에게 전한 메시지 중 하나다. 인류에게 가장 영향을 끼쳤던 세기의 인물가운데 한 사람이 이제막 사회로 진출하는 학생들에게 간절히 전하고자 한 메시지다. 나는 시간이 된다면 당신이 직접 이 연설문을 들어보았으면 한다. 이 부분을 말할 때 잡스가 얼마나 강도 높게 이 메시지를 전하려고 했는지 알 수 있을 것이다. 더불어 그는 자신의 성공 스토리를 이야기 하면서 자신이 성공했었던 비결에 대해서 이렇게 고백한다. "나는 운이 좋았다. 일찌감치 제 인생에서 사랑하는 것을 찾아냈으니까요."(I found what I loved to do early in life.)

'굳이 내가 좋아하는 일, 잘 하는 일, 하고 싶은 일을 찾아야 될 필요가 있을까? 초·중·고등학교 학생들에게나 하는 질문이잖아. 그냥 살면 되지 않을까?', '난 60세까지 정년이 보장된 공무원이야. 그때그때 필요한 부분만 보완하고 살면 되지' 등 말할 수도 있다. 직업의 패러다임이 바뀌고 있는 이 시대, 정년이 보장된 직장에 살고 있는 분들이 훗날에는 가장 불행한 직업군 가운데 하나가 될 수도 있다. 생각해보라! 60세 또는 65세에 준비없이 정년퇴직해서 새로운 꿈을 찾기에는 너무 늦지 않은가! 고용불안으로 떨고 있는 직장인들에게 나는 이 메시지를 전하고 싶다. "지금의 불안한 가슴 떨림이 미래를 준비하는 자에게는 설렘임의 가슴 떨림으로 바뀔 것이다." 그렇다면 왜 내가 좋아하는 일, 잘 하는 일, 하고 싶은 일을 찾아야 될까?

첫째, 즐겁고 행복하기 때문이다. 좋아하는 일을 찾는다는 것 자체가 행복하다. 삶의 활력소가 된다. 현재 하고 있는 직장 일에 만족하는 사람은 많지 않다. 약 75%의 직장인들이 현재 하고 있는 일에 만족하지 못한다고 한다. 아무래도 직장에서는 자기가 하고 싶은 업무만을 맡아서 할 수는 없다. 각 팀별로, 기관별로 달성해야 할 목표가 있기 때문이다. 능력과 경험에 따라서 업무를 분장할 수밖에 없는 것이다. 1차적으로 자신이 하는 업무 가운데에서 좋아하는 일, 잘 하는 일을 찾아보자. 그리고 2차적으로는 자신의 오랫동안 즐기고 있는 취미를 지속하자. 혹 없다면 이번 기회에 찾아보자.

둘째, 평생 현역의 필살기가 될 후보들을 찾을 수 있기 때문이다. 나이가 40세 이상이 된 직장인들과 휴식시간에 혹은 사석에서 대화를 나누면, 요즘 가장 많이 나오는 주제가 '앞으로 뭐해 먹고 살지?'다. 어떤 이는 벌써부터 창업을 위해 주말에 요리학원과 바리스타 학원을 찾는다. 또 어떤 이는 재테크에 많은 관심을 기울이고 공부한다. 아무래도 창업에 인기 종목인 카페, 식당을 우선으로 고려한 생각일 것이다. 사람에 따라서는 맞는 자기계발 방법이 될 수 있겠고, 또 아닐 수도 있다. 우선적으로 내가 좋아하면서 하고 있는 일, 잘 하는 일 가운데에서 평생 현역의 길에 활용할 기술을 찾아보자.

셋째, 내 인생의 찾지 못했던 꿈을 찾아 이룰 수 있는 기회이기 때문이다. 다람쥐 쳇바퀴처럼 살다보면 우리는 꿈을 잃고 살기 쉽다. '꿈이 뭐지?'라고 할 수도 있다. 처리하고 또 처리해도 밀려드는 일, 그렇다고 그만 둘 수도 없다. 당장 가족의 생계가 걸려있기 때문이다. 좋아하는 일, 하고 싶은 일을 찾는 과정에서 본인이 잊고 있었던 소중한 '인생의 의미' 나아가 '사명'을 찾을 수 있다.

이제 좋아하는 일, 잘 하는 일, 하고 싶은 일을 찾아보자.

첫째, 앞 장에서 작성한 연대기 이력, 공부 이력, 직무 이력을 바탕으로 자신을 돌아보고 내 마음과 대화하는 습관을 갖자. 30대 초반 또는 40대 직장인에게 질문하면 바로 대답 못하는 질문이 하나있다. "무엇을 하고 싶으신가요?" 이에 당신도 자문해 보라. 대답을 해야 되는데, 명확하게 그려지지 않아 대부분 답변을 못한다. 직장인들은 주어진 일에 익숙하다. 나의 일을 주체적으로 해본 경우가 그렇게 많지가 않다. 깊이 생각해본 적은 더더군다나 적다. 조용히 산책을 하며 혹은 출·퇴근길에 스스로에게 질문을 던져보자. '나는 진정 무엇을 하고 싶어 하는가?' 이때는 아무런 개입이 이루어지지 않아야 한다. 나를 남이라고 생각하며 객관적으로 나를 지켜보자. 이것을 '자아의식'이라고 부른다. 나를 주관적으로만 바라보면 나의 주관적인 감정에 사로잡혀 자신을 객관적으로 보지를 못한다. 이런 질문을 던져 놓으면, 다른 사람들의 이야기를 들을 때나 책을 볼 때나 TV에서 강의를 들을 때 이와 관련

된 내용이 나오면 자석처럼 그 내용을 빨아들이게 되며 생각을 구체화 할 수 있게 된다.

둘째, 취미, 좋아하는 일, 하고 싶은 일, 잘 하는 일을 목록으로 적자. 간단하면서도 효과적인 방법이다. 이때는 생각나는 대로 여과 없이 적어보자. 번지점프하기와 세계일주하기 등과 같이 일회성으로 하고 싶은 내용에서부터, 시간이 소요되는 대학원 학위 취득하기, 전문 강사되기 등 떠오르는 대로 적어보자. 적고 나서 리스트를 보다보면 비슷한 내용과 키워드를 볼 수 있을 것이다. 그러면 그 항목들은 별도로 모아 적어서 둥글게 표시하자. 이제 묶음으로 정리된 내용을 다시 한 번보고, 일회성으로 쉽게 달성할 수 있는 것과 공부가 필요한 내용을 별도로 분리 해보자.

지금까지도 여전히 하고 싶은 일을 찾지 못했다면 경험 부족이 그 이유일 수가 있다. 경험의 폭을 넓혀보자. 나는 두 딸의 아빠다. 큰 아이는 초등학교 6학년이고, 작은 아이는 3학년이다. 가끔 외식을 하러 나가는데, 아직은 아이들이 어려서 분위기 좋은 레스토랑 같은 곳은 갈 수가 없다. 혹 가더라도 아직은 돌아다니고 떠든다. 때문에 외식하러 나가는 식당도 제한적일 수밖에 없다. "오늘 뭐 먹으러 가고 싶니?"라는 나의 질문에 큰 아이는 "떡볶이요", 작은 아이는 "샤브샤브요"라고 대답한다. 경험의 폭이 아직은 적으니 좋아하는 음식도 한정될 수밖에 없는 것이다. 그러던 어느 날 숯불갈비를 사주니 선호하는게 바뀌었다.

마찬가지로, 직장인들의 경험의 폭은 한정적일 수밖에 없다. 하루 일과의 대부분을 직장에서 보내기 때문이다. 회사에서 주어진 업무를 하며, 업무와 관련된 생활을 한다. 5년 이상 지속하다보면, 제한된 사람들과 제한된 주제로 대화하기 마련이다. 기술직이라면 기술에 관련된 엔지니어들과 이야기를 나누고 교류하기 마련이다. 그래서 경험이 한쪽으로 치우치기 쉽다. 어쩌다가 동문이나 다른 업계 사람들과 이야기를 나누면 먼 나라 이야기처럼 느껴진다. 대화 참여가 어색하게 느껴지기도 한다.

앞으로 서드 피리어드에서도 지금 하고 있는 일과 같은 일을 하게 되리라는 보장은 없다. 요즘은 SNS가 발달되어 있다. 온·오프라인 모임도 활성화가 되어 있다. 자꾸 노출이 되어서 경험의 폭을 넓혀야 자신이 하고 싶은 분야의 폭도 커지게 된다. 나는 당신이 금요일 퇴근시간 이후부터는 주말을 최대한 활용하여 독서 등 자기계발과 오프라인 모임을 잘 활용하기를 바란다. 다양한 직종의 사람들이 사는 방식과 이야기를 직접 현장에서 들을 수 있고 몇 년 이상 지속을 하면 좋은 인간관계도 형성이 된다. 물론 자기계발은 기본이다.

'시작이 반이다'라는 말이 있다. 나는 이렇게 바꿔서 말하고 싶다. 자신이 사랑하는 일을 찾는 것이 평생 현역 준비의 반이다.

"여러분과 나 사이에 차이가 있다면 단지 나는 매일 아침 일어나서 '하고 싶은 일을 할 수 있는 기회'를 가진다는 사실입니다. 매일매일 말이죠. 이 말이 내가 여러분에게 해 줄 수 있는 최선의 충고입니다."

- 워런 버핏(Warren Buffett)

THIRD PERIOD

04

나의 재능을 강점으로, 강점을 필살기로 바꾸기

"이 세상에서 가장 훌륭한 질문은 바로 이것이다. '내가 이 세상에 살면서 잘 할 수 있는 것은 무엇일까?'"

- 벤자민 프랭클린(Benjamin Franklin)

'도대체 이 질문이 어떻게 가장 훌륭한 질문이 되지?' 하고 다시 물을 수 있을 것이다. 하지만 곰곰이 생각해보면, 내가 잘할 수 있는 것을 알아낸다는 것은 인생에 있어서 커다란 의미를 가지고 있다. 어떤 사람에게는 사는 이유 또는 정체성이라고도 할 수 있기 때문이다. 그 만큼 재능을 발견한다는 것은 중요하다. 사람은 자신만의 귀한 재능을 타고난다. 언어에 재능이 뛰어난 사람이 있고, 운동과 공간에 재능이 뛰어난 사람이 있다. 어떤 이는 미술에 재능이 뛰어나고, 여러 가지 재능을 복합적으로 가지고 있는 사람도 있다.

평생 현역의 차별적 필살기를 만들기 위한 첫 단계는 강점이 될 만한 재능을 발견하는 것이다. 재능이란 내가 잘 하는 것이다. 태어날 때부터 가지고 있는 특별한 능력이나 소질이다. 어떤 재능이 탁월하면 별로 고민할 필요가 없다. 주변에서 가족, 선생님, 친구들이 바로 인지하기 때문이다. 하지만 재능이 거기서 거기라면 고민이 된다. 어떤 게 진짜 재능인지 헷갈리기 쉬워 주변에서도 알아보기 어렵다.

다중지능이론은 하워드 가드너(Howard Gardner) 교수가 1983년 제시한 이론이다. 인간의 지능이 '언어·음악·자기성찰·자연 친화·논리수학·공간·신체운동·인간친화'라는 독립된 8개의 지능과 1/2개의 종교적 실존지능으로 이루어져 있다고 설명한다.

어떤 이는 재능이 없다고 말하는 사람도 있다. 재능하면 일반 사람들이 처음 오해하는 부분이 음악·미술·체육 등 예체능적인 재능만이 재능으로 생각하는 경향이 있다. 눈에 잘 띄기 때문에 그렇게 생각하기 쉽다. 예를 들면, 가르치기, 관계 맺기, 오감의 예민

함, 인내하기, 관찰하기, 임기응변하기, 사람들 만나기, 분석하기, 글쓰기 등 사람들이 보여주는 여러 가지 특성을 재능이라 부를 수 있다. 사람마다 다른 독특한 재능을 하고자 하는 일에 적용해 오랫동안 지속이 될 때 비로소 '강점'이 된다. 그렇다면 강점이 될 만한 나의 재능을 어떻게 알아볼 수 있을까?

마커스 버킹엄과 도널드 클리프턴의 공저「위대한 나의 발견, 강점혁명」에서 다음과 같이 이야기 한다. "강점이 될 만한 재능을 발견하는 한 가지 확실한 방법은 뒤로 한 발 물러나서 자신을 바라보는 것이다. 하나의 활동을 시작하여 얼마나 빨리 그것을 습득했고, 얼마나 빨리 학습 단계를 뛰어 넘었으며, 일을 하면서 배우지도 않은 새로운 방식과 변화를 추가한 것은 얼마나 되는지 생각해 보라. 이러한 관점으로 두세 달 동안 자신을 관찰하라. 시간이 지나도 만족스러운 결과가 나오지 않는다면, 자신은 그 일에 맞지 않는다고 생각하고 다른 일을 시도하라. 시간이 지나면 자신의 두드러진 재능이 드러날 것이다." 그리고 재능의 세 가지 원천으로는 어떤 일에 대한 동경, 만족감, 빠른 학습 속도를 통해 강점이 될 만한 재능을 감지할 수 있다. 다음의 질문에 스스로 답해보라.

1. 당신이 가장 많이 생각하는 것은 무엇인가?
2. 당신이 설레는 일은 무엇인가?
3. 다른 사람보다 빠르게 잘 할 수 있는 일이 무엇인가?
4. 다른 사람들이 당신에게 조언을 구하는 것은 무엇인가?
5. 당신이 꼭 하고 싶은 것은 무엇인가?
6. 다른 사람과 이야기 할 때 주로 하는 이야기는 무엇인가?

질문을 통해서 공통된 키워드를 발견했다면, 당신은 그 분야에 재능이 있을 가능성이 크다. 자신을 어떤 사람인지 성찰하기 위해 도움이 되는 '도구'를 소개하니 참고하기 바란다.

- 다중지능검사 사이트 | http://multiiqtest.com/
- MBTI검사 사이트 | https://www.16personalities.com/ko
- Strength Finder 검사 | 이 검사를 통해 5가지 강점을 알 수 있다. 다만, 이 검사는 「위대한 나의 발견, 강점혁명」이라는 책에 ID가 있다. 책을 구입해야지만 검사가 가능하다.

"인간은 타인의 욕망을 갈망한다."

- 자크 라캉(Jacques Lacan)

이 말을 반복하다보면, 뭔가 당신의 삶에 던져주는 메시지가 있을 것이다. 내가 진정 원하는 것을 갈망하고 사는지 아니면 남이 원하는 것을 하고 살지는 않는지를 말이다.

가장 효과적인 도구 하나를 소개한다. 자신에 대한 성찰이다. 자신에 대한 성찰의 시간을 통해서 진정한 자신의 재능과 강점을 발견할 수 있다. 우리는 자신을 위해서 많은 시간을 투자하고 산다고 하지만 과연 그럴까?

산책이나 여행을 하거나 아니면 틈틈이 내면의 자신과 독백하듯 대화해 보라. 그리고 일상에서 일하고 있는 자신의 모습을 마치 다른 사람이 된 것처럼 객관적으로 보라. 인간에게는 자신의 사고 과정 자체를 이처럼 생각할 수 있는 능력이 있다. 시간이 지날수록 자신을 좀 더 객관적으로 보게 되고 이해하게 되며 잔잔히 자기의 본래 욕망이 떠오를 것이다. 성찰하는 습관이야 말로 자신을 발견할 수 있는 최고의 도구라 생각한다.

이제 찾아낸 재능을 바탕으로 강점을 발견하고 만들자. 여기서 우리가 발견하고자 하는 강점은 탁월한 전문성을 갖춘 필살기로 발전할 수 있는 강점을 이야기하는 것이다. 지식이나 기술을 일정기간 익혀서 다른 사람들보다 상대적으로 잘하는 차원을 이야기 하지 않는다. 장미란 선수가 많은 시간을 투자해서 스케이트를 연습한다고 해서 김연아 선수처럼 스케이트 잘 탈수가 없다. 반대로 김연아 선수가 역도 연습을 체계적으로 매일한다고 해도 장미란 선수처럼 세계적인 역도 선수가 될 수 없다. 타고난 재능이 다르기 때문이다. 우리 각자에게는 각자에 맞는 재능이 있다. 그 재능을 찾아서 평생 현역의 필살기 수준으로 만드는 것이 우리의 과제다.

강점은 어떤 일을 완벽에 가까울 만큼 한결같이 처리하는 능력이다. 진정한 강점은 타고난 재능을 바탕으로 지식과 기술이 더해질 때 나타난다. 그래서 우리가 할 일은 자신만의 뛰어난 재능을 발견하고, 지식과 기술을 연마해서 강점화 시키는 것이다. 그렇다면 어떻게 필살기를 만들 수 있을까? 그 방법에 대해 잠시 나눠보자.

먼저, 자신의 재능 중 쓸 만해 보이는 재능 하나를 찾아보라. 도널드 클리프턴과 폴라 넬슨의 저서「강점에 올인하라」에는 한 젊은이의 진로 선택에 대한 고민 스토리가 있다. "아버지는 빵집 주인이었는데 저에게 성악을 권했습니다. 목소리를 훈련하는 일에 온 힘을 기울이게 하셨지요. 제 고향(이탈리아 모데나)에는 훌륭한 성악가 '아리고 폴라'가 살고 있었는데, 저는 그의 제자가 되었습니다. 당시 저는 사범대에도 다니고 있었습니다. 학교를 졸업할 때가 되자 아버지께 물었습니다. '저는 선생도 되고 싶고 성악가도 되고 싶은데 어떻게 해야 할까요?' '루치아노야, 두 개의 의자에 앉으려고 하면 그 사이로 떨어지고 만단다. 한 개의 의자를 선택하도록 해라.'" 이 이야기는 바로 루치아노 파바로티가 성악가의 길을 선택한 과정에 대한 이야기다.

다음 단계로, 재능 하나를 집중적으로 수련하라. 관련 교육도 받고, 온·오프라인 모임도 참석하며, 경험과 내공을 쌓아나가자. 그래서 언제 어디서나 쓸 수 있는 강점을 만들자.

마지막으로, 집중적으로 수련하는 과정을 매일 지속해 나가라. 단순한 강점의 수준이 아닌 차별적 전문성이 가질 수 있는 필살기가 될 수 있도록 말이다. 생활의 일부분으로 완벽히 습관화시키는 것이다.

> "인생의 진정한 비극은 우리가 충분한 강점을 갖고 있지 않다는 데에 있지 않고, 오히려 갖고 있는 강점을 충분히 활용하지 못한다는 데에 있다."
> - 벤자민 프랭클린(Benjamin Franklin)

THIRD PERIOD
05

직장인 마인드에서 기업가적 마인드로 전환하기

　직장인들 미래에 분명히 일어날 하나의 사실이 있다. 현재의 직장이 안정된 직장이든 아니든 간에 언젠가는 퇴직을 하게 되어 있다. 안정된 직장이고, 능력이 출중해서 정년퇴직을 한다고 해도 결국 60세에는 회사 밖을 나와야 된다. 늘어난 평균수명을 고려하면 최소한 30년을 회사 밖에서 행군해야 한다. 과연 당신은 그럴 준비가 되어있는지 스스로 자문해보라.

　오늘날의 많은 직장인들이 고용에 대한 불안감을 극복하고 조직에서 도태되거나 낙오되지 않으려고 영어 공부, 자격증 공부, 대학원 진학에 이르기까지 열심히 준비하고 있다. 이러한 자기계발은 직장 내에서 승진이나 다른 곳으로 이직하는데 도움이 된다. 하지만 우리가 잊지 말아야 할 것은 현재의 직장생활 기간 동안 평생 현역을 살아갈 수 있는 능력을 갖추는 것이다. 그 시작은 직장인 마인드에서 기업가적인 마인드로 전환하는 것으로부터 시작한다. 꽤 많은 사람들이 이렇게 말한다. "뭐, 걱정해도 답이 나오는 것도 아니고 직장생활 열심히 하다가 퇴직하면 치킨가게나 조그마한 커피숍을 하면되지." 하지만 그 손쉬운 창업의 1순위 치킨가게의 평균 생존기간은 2.7년에 불과하다는 것을 당신은 아는가? 준비가 안 된 미래는 결과는 뻔하다. 이제부터라도 평생 현역으로 모드를 전환하자. 직장인 마인드에서 기업가적 마인드로 전환해 나가자.

첫째, 자신 스스로를 CEO로 규정하자. '자신'이라는 1인 기업의 CEO로 마인드를 전환하자. 고용되어 일하고 있다는 마인드부터 벗어나야 경영자의 프레임으로 세상을 바라볼 수 있다. 소비자의 입장이 아닌 생산자의 관점에서 세상을 바라보라. 직장생활을 할 땐 고용되어 일하고 있다는 생각이 지배적이다. 그래서 직장을 그저 매월 나오는 월급을 받아서 일하는 곳으로만 여기기 쉽다. 본인이 맡은 바 직무만 처리하면 된다. 남의 직무까지는 굳이 신경 쓸 필요가 없다. 그런데 이렇게 살면 내가 주인이 되는 삶이 아니라 타인의 삶을 살게 된다. 기업가적 마인드를 갖게 되면 좀 더

완결적인 일처리가 가능하게 되고, 좀 더 입체적인 시각에서 문제를 바라보게 된다. '어떻게 하면 좀 더 효율적으로 일을 처리할 수 있을까?', '나의 강점 중 어떤 부분을 강화하면 고객에게 더 큰 가치를 줄 수 있을까?'라고 끊임없이 생각하게 된다. 주변의 업무상 만나는 사람들도 언젠가는 고객으로 다시 만날지 모른다.

　기업가적인 마인드로 전환이 되면, 일에 대한 의사결정과 책임의 주체는 나라는 것을 깨닫게 된다. 직장에서는 결재라인이 있다. 대개 2단계 이상의 결재를 받아야 어떤 사업을 추진할 수가 있다. 평생 현역은 일에 대한 결정을 스스로 하고 또 책임을 진다. 아울러 업무적인 측면에서 본다면 회사의 경우 영업부, 마케팅부, 기술부 등 업무가 나뉘어져 있다. 1인 기업가 입장에서는 모든 것을 다해야 한다. 역량이 안 되는 부분은 배워서 처리하는 방법, 아니면 아웃소싱으로 처리하든 간에 모든 과정을 스스로 책임을 지고 처리해야 한다.

　둘째, '고객중심의 해결사' 마인드로 전환하자. 고객은 모든 것에 우선한다. 회사의 모든 조직은 고객을 위해 존재한다고 해도 과언이 아니다. 고객이 어떤 기업의 상품을 구입하거나 서비스를 사용하는 것은 고객의 니즈를 충족시켜주기 때문입니다. 따라서 그에 합당한 비용을 지불하고, 상품을 구입하거나 서비스를 지속적으로 사용하는 것이다. 직장인들의 월급은 고객의 호주머니에서 나온다. 고객중심의 마인드로 전환을 하면 나의 동료, 친구, 선후배 등 만나는 모든 사람을 고객으로 인식하게 된다. 그들의 문제에 관심을 갖고 해결사가 될 수 있도록 하자. 평생 현역 1인 기업으로 사는 것도 다름 아닌 자신의 '영향력'으로 고객의 문제를 해결해서 살아가는 것이다.

셋째, 전략가와 기획가적인 마인드와 능력을 키우자.

"남보다 2배 생각하는 사람은 10배의 수입을 올릴 수 있다. 3배를 생각하는 사람은 100배의 돈을 벌수 있다."
- 오마에 겐이치(Omae Kenichi)

오마에 겐이치의 말처럼 생각하는 능력은 중요하다. 서드 피리어드에 평생 현역으로 살아가는 힘은 지식과 경험을 바탕으로 생각하는 전략과 기획을 할 수 있는 힘에서 나온다.

오랜 직장생활을 하고 사업을 시작하는 분들은 쉽게 표가 난다. 직장인들을 많이 만나는 분들은 외모만 보아도 그 사람이 직장인이지 아닌지를 안다고 한다. 직장인들은 어떤 일의 시작을 못하는 경향이 있다. 주어진 일들 위주로 처리하다보니, 어떤 일을 도모하는데 약하다. 누군가 시작해주기를 바란다. 그 다음부터는 잘할 수 있다고까지 말한다. 이러한 이유로 퇴직 후 많은 사람들은 프랜차이즈와 같은 전략과 기획을 모두 해주는 아이템을 많이 찾는다. 기업가적 마인드를 갖는다는 것은 홀로서기를 할 수 있어야 한다는 의미다. 평생 현역으로 가는 길에서 전략과 기획을 할 수 있는 정보와 지식은 돈과 바로 연결된다. 이제부터라도 관련 세미나·강의·마케팅·경영관련 서적을 꾸준히 보고, 주인의 입장으로 생각하는 습관을 갖고 전략과 기획 능력을 키우자.

끝으로, '촉이 살아있는 삶'을 살자. 비즈니스에서는 적절한 타이밍에 기회를 포착하는 능력이 생존과 직결된 능력이다. 촉이 살아있어야 된다! 충분한 지식을 갖추었음에도 실전 비즈니스에서는 통하지 않는 경우가 있다. 잘 유지되던 사업이 갑작스런 시장 변화에 대응하지 못해 몰락의 길로 가기도 한다. 문제를 해결하기 위해서 책을 보는 게 완벽한 해결책은 되지 못한다. 이어령 전 장관의 말을 인용하면 "책으로 출판되는 이야기들은 2-3년이 된 어찌 보면 죽은 학문이다"라고 이야기 한다. 이 교수는 현재도 끊임없이 진행이 되는 살아있는 TED와 같은 강연을 매일 듣고 있다. 책은 현재의 생생한 삶을 보고 이해할 수 있는 배경지식과 해석할 수 있는 힘을 준다고 본다. 박식하고 이론에 정통한 사람이 실전에서는 촉이 약한 경우가 있는데 바로 이 경우에 해당된다.

촉은 현장에서 나온다. 뉴스를 보면 세상 돌아가는 상황을 알 수 있지만, 극히 일부분만이 활자화 된다. 뉴스화 되지 않는 수많은 살아있는 현재가 있다. 책상 앞이 아닌 발품으로 배우는 것이 '촉'이다. 배우는 자세로 현장에서 사람을 만나서 소통하고 세미나를 가며 강연을 들을 때 우리는 오감을 통해 느낀다. 이때 비로소 우리는 촉을 유지할 수 있고, 촉이 살아있는 삶을 살 수가 있다.

··· 제5장

완벽한 서드 피리어드를 위한 최종 점검

THIRD PERIOD
01

당신의 인생 2막은 '전문가'다

"내일부터 출근 안하셔도 되요."
"네?"
"회사 사정이 그렇게 되었어요. 이해하세요."

상상조차 하기 싫은 설정이지만, 당신은 해고통보를 받은 것이다. 다음의 질문에 대답해보라.

> 현재 직장과 비슷한 조건의 직장을 다시 구할 수 있는가?

만약 당신이 자신 있게 "네!"라고 대답한다면, 당신은 전문성이 어느 정도 확보된 상태다. 하지만 구할 가능성이 희박하다면, 당신의 인생 3막에 빨간 경고등이 켜진 셈이다. 나는 당신이 이 빨간 경고등의 의미를 심각하게 받아들이기를 바란다. 이것은 단순히 현재의 구직에 대한 어려움의 차원이 아닌 나와 가족의 생존문제이기 때문이다. 이제까지 평범하게 직장생활을 했다면, 이제부터는 다시 방향을 잡고 준비해 나가자. 호모헌드레드 시대의 인생여정에서 이제 겨우 중간에 있지 않는가! 앞으로는 '인생역전'의 신화를 흔히 볼 수 있는 시대가 될 것이다.

전문가란 나는 쉽게 말해 '쓸모 있는 인재'라고 정의한다. 아무리 지식과 경험이 다방면에 많아도 쓸모 있는 사람이 아니라면 전문가라고 말할 수 없다. 그저 지식과 경험이 많은 사람일 뿐이다. 대부분의 직장인들은 열심히 직장생활 하고, 열심히 자기계발도 한다. 그래서 '잘하는 사람'은 쉽게 볼 수 있다. 그런데 정말 잘하는 사람이 드물다. 당신의 인생 3막의 전문가 목표의 지향점은 '끝내주게 잘하는 사람'이다. 제대로 된 방향성과 집중은 그것을 가능하게 한다.

> 직장인에서 평생 현역인으로 전환하여
> 서드 피리어드 준비에 성공한 사람
> ## 강원국 작가

최근 「대통령의 글쓰기」라는 책으로 유명해진 전 대통령 연설 비서관 강원국 작가의 사례를 보자. 나는 강원국 작가가 서드 피리어드의 실체를 보고 삶의 모드를 바꿔서 준비했다는 것을 강렬하게 느꼈다. 이 분은 평범한 직장인에서 김우중 전 대우 회장 연설문을 담당한 이후 전경련 연설문까지 썼다고 한다. 그러던 어느 날, 청와대 비서관에게 전화를 받았다. "청와대에서 전화가 왔었다는 걸 절대 발설하면 안 됩니다. 시험문제를 보낼 테니, 이 이야기도 절대 외부로 발설하면 안 됩니다." 시험문제는 바로 '광복절 경축사'였다. 이렇게 강원국 작가는 청와대 연설 비서관으로 일하게 되었다.

연설 비서관은 청와대에서 3D 업종이라고 한다. 그런데 그는 김대중 대통령의 연설 비서관에 이어, 노무현 대통령 연설 비서관으로 일할 수 있는 기회를 또 갖게 되었다. 그 이유는 노무현 대통령 보좌진들이 연설 비서관 자리를 매일 골방에 앉아서 글만 쓰는 힘든 일이라 서로 안하려고 해서 다시 재직하게 되었다는 것이다. "청와대에서 나오면 개털이다. 정권이 바뀌면 검찰에서 전화 조회도 하고 사후 통보가 온다. 그래서 어디를 가도 취직이 잘 안되어 어렵게 살고, 결국에는 정치권으로 다시 간다"라고 주변에서 강원국 작가에게 말했다고 한다.

JTBC의 한 예능 프로그램에서 강원국 작가는 "청와대를 나온 후 쉰 살이 되던 해에 직장생활을 몇 년 더 할 수 있을까를 생각을 해봤더니 3년, 길어봐야 5년이더라. 내가 몇 살까지 살까를 생각하니 80살까지는 살 것 같더라"고 노동을 할 수 있는 시간보다 그 이후의 긴 삶에 대해 지적했다. 이어 그는 "3년 또는 5년 직장생활을 더 하는 게 중요한 게 아니고 30년 살거리를 찾아서 나가는 게 맞다고 생각했다"라고 하면서 "그래서 직장을 그만두고 출판 과정을 공부했다"라고 말했다. 하지만 나이 많고 경력도 없는 신입사원을 반기는 출판사는 없었다. 강원국 작가는 "제가 버티는 방법은 일을 많이 하는 방법밖에 없었다"라고 설명했다. 그 결과 그는 1년 반 동안 7권의 책을 편집하게 되었다. "그런데 뭔가 열심히 하면 얻는 게 있다. 그게 나한테는 특별한 사람만 책을 내지 않는다는 걸 알게 됐다. 그래서 1년 반 지난 시점에 두 달간 휴직계를 내고 책을 썼는데, 그게「대통령의 글쓰기」였다"라고 밝혔다.

출간된 2014년에「대통령의 글쓰기」는 베스트셀러로 선정되기도 했다. 그의 인터뷰에서 인상적인 이야기는 "우리가 60세까지 사는 걸 인생의 전반전이라고 이야기해보자. 성공하기 위해서,

출세하기 위해서 아부하고 자기를 버리고 산다"라고 지적했다. 이어 "나머지 60년, 즉 환갑이 지나서 주어지는 20-30년은 덤이라고 생각했다. 이게 패러다임이라고 생각했는데 이제 그 패러다임이 끝났다"라고 목소리를 높였다. "내가 없는 세월이 전반전이고 진짜 인생은 내가 있는 세월인 후반전이다!" 강원국 작가는 "그때는 나로서 살아야 한다"라며, 나로 산다는 건 내 콘텐츠로 살아야 한다는 것이라고 전했다. 이어 "콘텐츠가 어려운 게 아니다. 누가 나한테 '무엇을 좋아합니까? 무엇을 잘 합니까?'라고 물었을 때 '나는 이걸 좋아합니다. 이걸 잘 합니다'라고 할 수 있는 게 콘텐츠다"라고 말했다. 그는 "인생에서 누구나 다 성공할 수는 없다. 일반적으로 성공했다는 자리가 한정되어 있기 때문이다"라며 "그러나 누구나 행복할 수는 있다. 내가 나의 주인으로 살면 행복할 수 있다"라고 강조했다. 더불어 "그러기 위해서 여러분들께 말씀드리고 싶은 건 지금부터 콘텐츠를 쌓으시라는 것이다"라고 전했다.

전문성(expertise)이란 특정 영역에서 보통사람이 흔히 할 수 있는 수준 이상의 수행 능력을 보이는 것이다. 또한 전문가란 '해결사'를 뜻한다. 즉 문제해결 능력을 갖추고 있는 사람을 말한다. 어떤 문제에 대해서 표면적으로 인지하는 것은 그리 어려운 일이 아니다. 웬만한 중급 이상의 실력을 가진 사람이라면 드러난 문제를 볼 수가 있다. 하지만 문제해결 능력은 다른 차원의 이야기다.

단순한 표면적인 지식과 경험으로는 해결할 수가 없다. 전문적인 지식과 기술에 꾸준히 쌓인 필드의 경험이 더해질 때, 비로소 문제의 핵심을 꿰뚫어 볼 수 있는 통찰력이 생긴다. 전문가가 입체적으로 문제를 보는 능력이 여기서 나온다. 그 능력을 바탕으로 전문가는 문제를 해결한다.

당신은 현재 전문가인가? 강원국 작가는 인생 2막에서 익히 글쓰기라는 전문성을 평생 현역의 필살기로 사용하여 새로운 인생을 살고 있다. 스스로에게 질문해보라. 지금 현직에서 나만의 전문성은 무엇인가? 전문성을 갖추어야 평생 현역으로 살아갈 수 있다. 보통 사람이 전문가가 되기 위하여 전문성을 확보하려면 4가지 필수 요소를 갖추어야 한다. 먼저 지식과 기술과 풍부한 경험 그리고 거기에서 나온 통찰력이 필요하다. 나는 전문가가 되는 방법 5단계를 소개하고자 한다. 다음의 각 단계들은 단계별로 하나씩 순차적으로 추진하는 것이 아니라 병행하여 추진하는 것이다. 더불어 각 단계가 심화될수록 서로 시너지 효과를 줄 것이다.

1단계는 전문가가 되고 싶은 업무영역을 파악한다. 내가 하는 업무를 들여다보자. 각자의 직무가 있을 것이다. 그중 나의 재능을 활용할 수 있는 일을 찾자. 시장성이 있는 영역인가 아닌가를 고려하여 선택하자. 만일 당신의 업무영역에서 찾을 수 없다면, 오랫동안 자신이 흥미를 느껴온 특기나 취미에서 찾아라.

2단계는 지식의 종결자가 되어야 한다. 주제 독서 100권을 목표로 읽어보자. 단 내가 전문성을 확보하고자 하는 분야의 책을 보는 것이 중요하다. 이 분야, 저 분야를 넘나들며 보는 것이 아니다. 도서 선정하는 요령은 어렵지 않다. 우선 해당 분야의 현직 전문가들이 추천하는 도서들이 있다. 인터넷 검색만 해도 쉽게 알 수가 있다. 세미나 등 강연을 참석하면, 읽어야 할 도서 리스트를 알 수가 있다. 그 도서들을 독서하는 것으로부터 먼저 시작하라. 그 다음 요령은 책을 읽다보면 저자들이 집필하면서 빈번이 소개하는 책이 있다. 그 책을 메모했다가 보는 것이다. 나는 항상 작은 수첩을 옆에 두고 책을 본다. 그리고 그러한 책이 언급될 때마다 책 제목과 저자 그리고 출판사명을 기록해둔다. 읽어야 할 책을 못 찾을 걱정은 할 필요가 없게 된다. 또한 큰 서점을 방문하면 각 분야별 코너가 있다. 전반적으로 내 분야에 어떠한 책이 지금까지 나왔는지 한눈에 볼 수가 있다.

"바쁜데, 책 100권을 언제 보나요?" 6개월에서 1년이면 충분하다. 그것은 주제 독서이기에 가능한 것이다. 처음 몇 권 읽을 때에는 개론과 용어만 익숙해지는데 시간이 걸리지만, 그 후로는 가속도가 붙는다. 때문에 웬만한 책은 이틀 정도면 다 읽을 수 있다.

대부분 독서를 하고자 하는 사람은 흥미위주로, 베스트셀러 위주로 책을 보는 경향이 있다. 하지만 그 유혹에서 벗어나자. 이 목표만 달성해도 상당한 수준의 안목을 갖추게 될 것이다.

"책을 봐도 그때뿐이에요. 도무지 독서한 내용이 축적이 되지 않아요." 먼저 튼튼한 노트 한 권을 준비하라. 이 노트의 용도는 책에서 이야기하는 중요한 포인트를 기록하는 것이다. 나는 당신과 같은 직장인이라 독서할 시간이 충분하지 않다. 독서를 하며 중요한 내용은 표시를 해둔다. 중요한 키워드는 동그라미나 세모 모양으로 표시를 한다. 중요도에 따라서는 별로 하나둘 표시한다. 중요한 페이지는 상단 끝 귀퉁이나, 하단 끝 귀퉁이를 접어 표시한다. 책을 다 보고나서는 중요한 부분을 넘겨보며 노트에 따로 정리할 사항을 체크한다. 책에 따라 다르지만, 나는 대략 2-3장 정도 나온다. 취향에 따라 컴퓨터에 정리를 해도 무방하다. 그러나 나는 아날로그 정리 방법을 선호한다. 직접 손으로 쓰면서 머리에 각인이 되는 효과가 있기 때문이다. 뿐만 아니라 나중에 다시 복습하기에도 좋다. 요즘엔 특히나 책을 안 보는 시대다. 당신이 1단계에서 100권을 달성하면, 당신 안에는 상상하기도 힘든 높은 수준의 전문성을 갖추게 될 것이다. 그 분야에 어떤 전문가가 이야기해도 척척 내용의 요지를 파악하고 흡수할 수 있게 된다. 또한 당신의 언어가 바뀌게 된다. 이 부분은 아마도 주변에서 쉽게 간파할 것이다. "지내다보니 김 과장의 내공이 장난이 아니었구먼!"이라고 말이다.

    3단계는 기술의 종결자가 되어야 한다. 기술은 왜 익히는가? 기술은 내가 실질적으로 쓰는 힘이기 때문이다. 여기서는 학술적인 측면에서 기술의 의미는 배제하기로 한다. 예를 들면, 파워포인트 기술이 없다면 프레젠테이션을 하는데 불편하다. 강연을 하는데, 스피치 기술이 없다면 이 또한 어려움이 많을 것이다. 기술이 축적될수록 나 스스로에게는 실제로 쓰는 힘이 늘어난다. 나는 당신에게 일주일에 한 가지씩이라도 간단한 기술을 반복해서 익힐 것을 권한다. 그렇다면 기술은 어떻게 익히는가? 바로 반복이다. 어떤 기술을 잘 익히지 못하는 분들을 보면 대개 반복을 싫어하는 경향이 있다. 몇 번 해보고 그냥 넘어가는 식이다. 초급, 중급, 고급의 기술로 올라갈수록 초급 기술이 바탕이 되어 중급 기술과 고급 기술로 발전하는 것이다.

    나는 레크리에이션과 MC 진행에 관심이 있어서 공부를 하고 있다. 사람들을 즐겁게 무언가 할 수 있도록 만들어 주는 게 정말 매력적이다. 당신도 많은 행사에 참여한 경험이 있을 것이다. 진행하는 MC가 다양한 게임과 재미있는 멘트로 당신을 즐겁게 했던 기억이 있을 것이다. 때로는 '저 진행하는 MC는 정말 재능과 끼가 넘치고 말도 잘하구나!' 하고 느꼈을지 모른다. 보통 사람들은 이것을 타고난 거라고 생각하기 쉽다. 하지만 내가 현역 고수들과 같이 공부하면서 느끼는 점은 바로 '훈련의 힘'이다. 박수 게임 하나를 가지고서도 수십 번을 실전처럼 반복하면서 익힌다. MC가 행사를 시작할 때에 하는 적합한 오프닝 멘트는 전체 행사 분위기의 80% 이상의 영향을 미친다고 한다. 즉 MC는 그것을 준비하기 위해서 리서치를 하며 정성을 다해서 준비하고 반복해서 연습한다. 가수가 노래 한 곡을 자기의 것으로 만들기 위해서 천 번 이상 연습한다고 한다.

4단계는 경험의 종결자가 되어야 한다. 평생 현역으로 갈 수 있는 핵심 자산은 경험이다. 앞서 살펴본 지식과 기술은 체계적인 독서를 하거나, 교육을 받거나, 대학원의 진학을 통하여 배울 수가 있다. 이론은 실제와 다르다. 필드에서의 경험이 그래서 중요한 것이다. 평생 현역으로 독립할 수 있느냐는 경험의 축적된 양으로 결정된다. 그런 의미에서 직장은 최적의 장소다. 오히려 돈을 받으면서 배우는 곳이기 때문이다. 당신이 몸 담고 있는 직장에서 지금 내가 하는 일을 남들보다 더 탁월하게 잘할 수 있도록 능력을 개발하자.

5단계는 통찰력으로 전문성을 완성해야 한다. 통찰력이란 암묵지와 형식지가 축적이 되어 무르익었을 때 나오는 힘이라고 생각한다. 여기서 암묵지는 본인의 오랜 경험으로 체득된 하나의 지식으로 쉽게 말이나 글로써 설명이 안 되는 지식을 말한다. 그리고 형식지는 학교나 각종 강의를 통해서 얻을 수 있는 지식으로, 명료하게 언어로 표현된 지식을 말한다. 이 두 가지 지식이 경지에 달했을 때에 나오는 것이 통찰력이다.

1단계에서 4단계는 서로 유기적으로 연결되어 있다. 독서 100권을 달성했으면 추가적인 도전 목표 100권을 세워서 강화해 나가고, 실전에서 체득한 기술을 지속적으로 쌓아나가자. 요약하면 지식과 기술과 경험이 서로 상호작용을 할 수 있게 하는 것이다. 평생 현역의 차별적 전문성은 이 과정을 바탕으로 해서 나온다. 경험과 지식과 기술의 상호작용 속에서 자신만의 독특한 감각이 나온다. 이 상호작용의 경험 축적에 따라 자신만의 독특한 의견 및 해법을 제시할 수 있는 단계에 이르며, 처음 당면하는 문제마저도 본질을 보고 해결할 수 있게 되는 차별적 전문가가 되는 것이다.

THIRD PERIOD
02

지금의 직장이 가장 좋은 배움터다

"회사가 전쟁터라고? 밀어낼 때까지 그만두지 마라. 밖은 지옥이다." 직장인들의 가슴을 먹먹하게 했던 드라마 「미생」의 명대사 가운데 하나다.

'회사 내에서 생존! 퇴직 후 회사 밖에서 생존!' 직장인들은 이 두 가지를 중요하면서도 피할 수 없는 생존의 문제로 인식하며 살아간다. 일과시간에는 회사 내 생존을 위해서 열심히 일하고, 또 퇴근 후에는 미래를 준비하기 위해서 자기계발에 힘을 쏟는다. 어떤 이는 공인중개사 자격증을 준비하고, 어떤 이는 영어학원을 다니거나 대학원을 다니기도 한다.

나는 평생 현역을 준비하는 자기계발은, 우선 지금 내가 하고 있는 일의 가치를 재발견하는데서부터 시작한다고 생각한다. 공인중개사와 바리스타 자격증 등을 부정하는 것이 아니다. 먼저 할 일과 나중에 할 일을 구분하는 것이다. 잠자는 시간을 제외하면 하루의 절반 이상을 직장에서 보낸다. 먼저 직장에서 내가하는 일에서부터 시작하는 것이 가정 좋은 자기계발이라 생각한다. 다음의 몇 가지 조언은 현재의 직장인 상황을 잘 활용하는 데 도움이 될 것이다.

첫째, 내가 하는 일의 가치를 재발견하자. 업무의 본질과 특성을 파악하면 새로운 시각에서 자기의 일을 볼 수가 있다. 나 자신을 예로 들면 나는 현재 영업을 하고 있다. 매일 두 곳 정도의 회사를 방문하며, 두 명 이상의 새로운 고객을 만난다. 부정적인 측면에서 본다면, 스트레스를 많이 받을 수도 있는 상황이다. 하지만 긍정적인 측면에서 보면 처음으로 사람을 만났을 때 대하는 방법, 편안하게 대화를 시작하는 요령, 고객의 표정을 읽는 방법, 고객에게 신뢰를 주어서 상품 계약을 하게 하는 방법 등을 알게 모르게 배우게 된다. 그 회사의 분위기와 사무실 구조 등 다양한 점을 배울 수 있게 된다. 각자의 업무 가치를 재발견하라. 고수들이란 자신이 하고 있는 일에 대한 의미부여에 성공한 사람들이다.

둘째, 사내외 교육과 제도를 최대한 활용하라. 많은 기업들이 직원들을 위해 사내외 교육을 제공하고 있다. 온라인 교육도 활성화되어 있다. 개인이 직접 수강하려면 많은 비용을 지불해야지만, 이런 교육은 무료로 들을 수 있다. 전략적으로 자기계발의 수단으로 잘 활용해보라. 대학원이나 해외 MBA도 부분지원 및 전액지원을 하고 있는 회사도 꽤 있다. 이런 교육을 통해서 전문성을 확보한 직원들 사례도 많이 있다. 아울러 제도적인 측면에서 최근 많은 기업들이 창업휴직 제도를 운영하고 있고, 직장인들을 다양한 퇴사 교육 프로그램이 있다. 회사의 사내외 교육 기회가 적고 제도가 마련되지 않은 경우, 다음에 소개하는 온라인 강의를 활용하는 것도 좋은 방법이다.

국내 온라인 무료강의

KMOOC
여러 사람에게 강좌를 널리 공개하는 온라인 무료 공개 강의인 무크(MOOC·Massive Open Online Course)의 한국판이다. 수강 인원의 제한 없이 누구나 무료로 강의를 수강할 수 있어 교육의 기회를 넓히는 데 이바지하고 있다.
교육부 주도로 2015년 10월에 홈페이지(http://www.kmooc.kr)가 개설되었으며, 서울대·카이스트·포항공대 등 10개의 대학에 20여 개의 공개강좌가 있다.
수강생은 온라인상으로 교수자와 질의응답 및 토론 등을 할 수 있고,

> 시험과 과제 등의 일정 기준을 충족하면 해당 대학 명의의 이수증을 발급받을 수 있다.
>
> — 네이버 지식백과 中

> **국외 온라인 무료강의**
>
> MOOC UDACITY COURSERA, EDX 등
> 당신이 영어가 가능하다면, 하버드와 MIT 그리고 스탠포드 대학 등 미국의 유명 대학에서 진행된 강의를 들을 수 있으니 참고하기 바란다.
>
> — 네이버 지식백과 中

셋째, 주말 시간을 잘 활용하라. 직장인들의 평일은 변수가 많다. 바쁠 때에는 야근을 해야 되고, 때론 직장 내 회식으로 인해 또는 고객과의 미팅으로 변수가 생긴다. 시간활용을 어떻게 습관 들이느냐가 자기계발의 성패와 밀접한 관련이 있다. 우리가 지향하는 목적지는 전문가가 되는 것이다. 체계적인 지식을 쌓을 수 있는 시간이 필요하다. 그 시간에 대한 해답은 주말 시간을 활용하는 것이다. 나는 주말의 시작을 금요일 퇴근 이후부터로 정의한다. 시간으로 따지면 금요일 퇴근 후 오후 7시를 기준으로 약 5시간 그리고 토요일과 일요일을 합해 48시간, 총 53시간이나 된다.

일주일이 168시간이니 53시간은 31.6%에 해당하는 높은 수치이다. 이는 약 한 주의 1/3에 해당하는 시간이다. 체계적으로 이 시간을 활용한다면, 어떤 자기계발이든지 충분히 성과를 낼 수 있는 시간이다.

나는 자기계발의 대부분을 주말시간을 활용해서 하고 있다. 스피치 공부, 어학 공부, 필살기 분야 독서 등 주말을 활용하고 있다. 주말시간 활용의 비결을 하나만 이야기 한다면, 금요일 밤에는 가급적 약속을 잡지 않는다. 금요일 회식이나 모임을 할 경우, 그 여파가 토요일 심지어 일요일까지 이어진다. 이러한 약속의 유혹을 미연에 방지하기 위해서 나는 금요일 밤에 정기적으로 '토스트마스터즈'란 영어 스피치 모임을 참석하여 스피치와 리더십 스킬을 공부하고 있다.

추가적인 팁으로는 주말에 토요일과 일요일 중 하루는 온전히 자기계발의 날로 정해서 자기계발에 온전히 몰입할 수 있는 시간을 갖고 있다. 특히 전문성을 확보하기 위해서는 몰입할 수 있는 질적인 시간이 필요하다. 이렇게 활용하면 주말의 약 2/3는 자기계발로 효율적으로 사용할 수가 있게 된다. 물론 남은 하루는 가족과 함께 보내는 시간을 갖는 것이다.

우리는 죽을 때까지 현역으로 살아야 하는 시대에 살고 있다. 지금 직장생활을 하고 있는 우리에게는 또 하나의 과제가 주어진 것이다. 직장생활 동안 자신의 적성을 검증하고, 서드 피리어드에 활용할 수 있는 필살기를 만들라. "회사가 전쟁터라고? 자신의 필살기를 만들어낼 때까지는 그만두지 마라. 밖은 시베리아 벌판에 있는 지옥이다."

THIRD PERIOD
03

적극적으로
찾아가 배워라

"21세기 문맹은 읽지 못하고 쓰지 못하는 사람이 아니라 배우려 하지 않고 낡은 지식을 버리지 못하고 새롭게 배우지 못하는 사람이 될 것이다."

- 엘빈 토플러(Alvin Toffler)

이 시대 배움의 중요성을 역설한 말이다. 주변을 돌아보면 정말 모든 것이 빨리 변한다. 항상 배울 자세가 되어있지 않으면 금세 뒤처진다는 느낌을 받기 쉽다. 돌아보면, 30대 중반까지는 새로운 것을 배운다는 것이 어렵지 않았다. 하지만 가정과 자녀가 생기고 직장 내에서 책임도 무거워지면, 주변에 신경 쓸 것이 많이 생기게 된다. 그 즈음에 많은 직장인들이 자기계발을 미루고, 결국에는 필요성마저 못 느끼게 된다.

　　가장 이상적인 자기계발은 내가 현재 하고 있는 일에서부터 시작하는 것이다. 자신이 가장 잘 하는 재능을 회사업무에 연결시켜 집중 계발하는 것이 가장 효율적이다. 필살기를 만들어 내면서 내공까지 쌓을 수 있는 일석이조의 효과이기 때문이다. 업무의 특성상 회사의 업무를 통해서 평생 현역의 필살기를 만들어 낼 수 없는 경우가 종종 있다. 그런 경우에는 차선책을 찾아야 한다. 자신이 오랫동안 재미를 느끼고 있는 취미나 특기 분야에서 평생 현역을 위한 자기계발 후보를 찾아 필살기로 만드는 것이다. 이 경우 적극적으로 온·오프라인 상으로 전문가를 찾아서 배워야 시간 절약이 된다.

　　오프라인 강의는 월 1회 이상, 온라인 강의는 주 2회 이상 듣고 핵심 포인트는 정리해서 내 것으로 만들어야 한다. 이것은 전문가에게 지도를 받는 것과 동일한 효과가 있다. 요즘과 같이 강연이 활성화 되어있는 시대, 열성이 부족해서 못하는 것이지 들을 강의가 없는 건 아니다. 나는 당신이 월 1회 이상 자신이 하고자 하는 유사한 분야에 먼저 진출한 전문가들을 직접 찾아서 배우기를 바란다. 전문가들 강의는 어디서 찾을 수 있는가? 온오프믹스

(www.onoffmix.com) 등과 같은 웹이나 앱을 활용하라. 강연회를 비롯하여 세미나, 컨퍼런스, 교육, 전시회, 박람회, 문화, 예술 행사를 직접 참여할 수도 있다. 대부분 주중이나 주말 행사로 열리고 있기에 본인이 마음만 먹으면 언제든 참여가 가능하다.

TED 강의는 기술(Technology), 엔터테인먼트(Entertainment), 디자인(Design)의 줄임말로 세계 정상급 강의를 인터넷에 무료로 공개한다. 지금까지 앨 고어, 빌 클린턴 등 유명 인사와 많은 노벨상 수상자들이 TED의 강연무대에 섰다. 연사들이 영어로 이야기하지만 한글 자막이 제공된다. 불과 18분 강연으로 짧고 명료한 메시지를 전한다. 각 분야 전문가들의 정성어린 강연은 우리에게 신선한 자극을 준다. 기존의 고정관념을 깨는 많은 연구결과도 보여준다.

세바시 강의도 추천한다. '세상을 바꾸는 시간, 15분'의 약자로 CBS의 시사교양 프로그램이다. 한국형 TED 형식의 미니 프리젠테이션 강연 프로그램이다. 다양한 영역의 전문 강사들이 교육, 경제, 트렌드, 청년, 평화 등의 강의 주제로 15분 동안의 이야기를 통해 시청자들과 공유하는 프로그램이다. 이 강의의 장점은 시간이 짧다는 점이다. 친구를 기다린다든지, 버스를 놓쳐서 기다릴 때의 자투리 시간 활용을 유익하게 할 수 있다. 나는 세바시를 강력히 추천한다.

　이러한 전문가들의 강의를 듣다보면 트렌드가 보이면서 자기 자신이 전문가로 키워야 될 분야가 명확해 질 것이고 이미 있다면 강화될 것이다. 앞서 살펴본 전문가 되기 5단계 방법을 통해 차별적 전문성을 키워나가면 된다. 정규 학교 교육과 달리 전문가가 되는 공부는 사실상 자기주도의 학습이다. 나이라는 한계를 뛰어 넘어야 될 때가 많다. 기억하라! 어떤 분야에서 나보다 경험과 실력이, 즉 내공이 뛰어나면 선배다.

　나는 자기계발의 대부분을 30대 후반 이후, 주로 40대에 시작했다. 어학 공부를 제대로 해보려고 주말을 이용해 강남에 있는 전문 어학원을 다닐 때에도 같은 수강생들에게 오해를 산 경우도 있었다. "도대체 무슨 목적으로 지금 영어공부를 하냐? 앞으로 별로 쓸 것 같지도 않은데, 저 같으면 재테크에 신경 쓰겠어요!"라고 한 대학생의 비아냥거리는 소리도 들었다. 아직도 그 음성이 귀에 생생하다. 무슨 불순한 의도를 가지고 공부를 하는 거 아니냐는 의심을 받기도 했다. 심지어 가르치는 강사도 예의주시를 하는 경우가 있었다. 더욱 그럴수록 의지를 다지는 계기로 삼았다. 내 속으로 이렇게 다짐했다. "머지않은 장래에 나를 경외의 눈빛으로 바라볼 수 있도록 할 것이다!"

MC 및 레크리에이션을 공부할 때에도 같이 공부했던 기수 동기들이 있다. 지금도 연락을 주고받는 사이다. 그 동기들하고 나하고 평균 나이 차이가 20년 정도 난다. 만약 그때 찍은 단체 사진을 본다면 선생과 제자가 아니냐고 생각할 정도다. 가르치는 분들도 "나이 먹으면 이 업계에서 잘 안 써준다"라고 진솔하게 이야기를 했다. 하지만 나는 관점을 달리한다. 내가 이 업계에서는 연장자에 속하지만 100세 시대 평생 현역이란 측면에서 본다면 연장자 그룹에서는 선두에 있다. 그리고 토스트마스터즈란 스피치 모임을 매주 갈 때도 그 모임에서 최고 연장자에 속했다. 어디를 가나 나는 연장자 그룹에 속했다. 그러나 많은 경험을 해서인지 어디서든 잘 버텨내는 요령을 터득했다. 나이 먹었다고 해서 뒷짐이나 지고 괜한 지적 질이나 하면 배울 수가 없다. 배움에 항상 겸손해야 한다. 특히 뒤늦게 전문성을 계발하기 위해 자기계발을 하는 사람들은 반드시 넘어서야 될 첫 번째 벽이다. 자기계발의 성공비결 가운데 하나는 나이의 한계를 극복했다는 것에 있다.

　　평생 배움이 보편화 되는 시대, 그리고 전문성이 생존과 직결되는 시대에 살고 있다. 절박함, 간절함을 가슴이 품자. 그리고 성장하자.

THIRD PERIOD
04

트렌드에
민감하게 반응하자

잠시 당신의 노래방 애창곡 3곡을 떠올려보라. 혹시 10년 전이나 심지어 20년 전에 불렀던 그 노래들이 아닌가? 맞는다면, 나는 당신의 일관된 꾸준함에 찬사를 보낸다. 음악은 우리가 가장 흔하게 접하는 대중문화 가운데 하나다. 30대를 넘어가며 삶의 관심사가 다양해지면서 최신음악을 쫓아가는 게 점점 힘들어지다가 결국에는 멈추게 된다.

나의 애창곡 중 하나는 '시간을 달려서'라는 최근 노래로 대체되었다. '여자친구'라는 걸그룹이 부르는 노래다. 초등학교 6학년과 3학년에 다니는 두 딸 덕택이다. 매일 집안에 울려 퍼지는 노래에 점점 익숙해지고 좋아하게 되더니 어느 순간 따라 부르게 되었다. 노래하나 바꿨을 뿐인데, 부를 때마다 에너지가 생긴다. 노래하나 같이 공감하며 불렀을 뿐인데, 딸들하고 소통이 더 잘된다.

수명연장으로 길어진 인생, 우리는 현직을 넘어서 나와 가족의 생존을 위해 평생 현역으로 살아가고자 한다. 20-30년은 족히 쓸 수 있는 전문성을 만들려고 한다. 만일 특정분야의 전문성을 위해 실력과 능력을 키우는 중인데, 그 업종이 일시적인 유행이었다면 어떻게 될 것인가? 미래에 사라질 업종이라면 또한 어떻게 될 것인가? 많은 노력이 안타깝게 헛수고가 될 것이다.

트렌드 전문가 미국의 페이스 팝콘은 트렌드와 일시적인 유행의 차이를 다음과 같이 설명한다. "일시적 유행이란 시작은 화려하지만 곧 스러져 버리는 것으로서, 순식간에 돈을 벌고 도망가기 위한 민첩한 속임수와 같은 것이다. 유행이란 제품 자체에 적용되는 말이다. 트렌드는 소비자들이 물건을 '사도록' 이끄는 원동력에 관한 것이다. 따라서 트렌드란 크고 광범위하다. 트렌드는 바위처럼 꿋꿋하다. 그리고 평균 10년 이상 지속된다."

우리가 하고자 하는 생존을 위한 자기계발도 우리가 수명연장에 따른 고령화라는 메가 트렌드를 읽고서 대처하는 것 아닌가!

자기계발의 근본 핵심도 알고 보면 변화의 흐름을 쫓아가는 방법을 배우는 것이다. 변화를 타고 변화를 만들어 내는 주인공이 되는 것이 자기계발의 결론이다. 그러므로 트렌드가 비즈니스에 영향을 주는 것에 대해서 특히 민감하게 반응해야 한다. 직장인들은 바쁜 업무 속에 살다보면 세상의 변화에 둔감해지기 쉽다. 특히 안정된 직종에 있는 직장인일수록 자기 업무 외엔 세상 돌아가는 것을 잘 모르는 경향이 있다. 트렌드를 잘 읽기 위해서는 다양한 소통채널에 노출에 되어있어야 한다. 연령대가 높아질수록 온라인 SNS 채널에 둔감하다.

온라인을 먼저 이야기 하면, SNS 채널을 잘 활용해야 한다. 특히 젊은 세대는 SNS를 통해서 정서공유가 이루어진다. 연령대가 있으신 분들은 시사적인 정치 이야기에 너무 심취하지 말고 SNS 채널을 통해 젊은 감각을 잘 이해하도록 하자. 대표적인 SNS 채널의 예로 페이스북은 관심사가 비슷한 사람끼리 소통도하고 정보교환도 가능하다. 무엇보다 개인 계정으로 가입이 쉽고, 스마트폰 앱이 있어서 사용이 용이하다. 국내뿐만 아니라 해외에 있는 친구들과도 소통이 가능하다. 또한 그룹을 만들어서 그룹 내 사람끼리 정보 공유 및 활동 용도로도 사용이 가능하다. 나는 매일 페이스북 친구들의 게시물을 틈나는 대로 읽는 편인데, 그것만으로도 최신 트렌드의 큰 흐름을 읽을 수 있다. 해외 친구들의 게시물을 통해서는 국외 소식까지 알 수가 있다. 가랑비에 옷 젖듯이 처음에는 어색하지만 익숙해지면 뉴스나 신문에서는 느낄 수 없는 생생한 트렌드를 알 수 있다.

온라인 포털사이트의 관심분야 커뮤니티를 가입하는 것도 지식과 정보를 업데이트 하는 좋은 방법이다. 이 경우 한 개의 커뮤니티를 가입하는 것보다는 3개 이상의 커뮤니티를 가입해서 비교해서 글을 읽어보는 것이 적합한 방법이다. Naver나 Daum의 카페는 많이 알고 계신 사항이라 자세히 언급하지 않겠다.

오프라인 클럽을 가입해서 활동하는 것도 지식과 정보 업데이트뿐만 아니라 여러 사람과 소통하며 트렌드를 공부하는 좋은 방법이다. 모임에 참여하면서 느끼는 것은 20대 후반에서 30대 중반이 주축을 이루며 활동한다는 것이다. 일부 클럽에 따라서는 40대 이상은 받지 않는 클럽도 있다. 그럴 경우 의기소침하지 말고 여러 카페를 찾아보라. 참여 가능한 클럽이 반드시 있다. 참여 시 나이든 분들의 주특기는 '지적질'인데, 이것은 절대로 하지말자. 처음에는 다소 소통하며 대화하기가 쉽지 않겠지만, 공감하며 경청하는 것만으로도 많은 것을 배울 수 있다.

나는 정기적으로 '토스트마스터즈'란 비영리 클럽을 나가고 있다. 모임을 통해 대중 연설과 리더십 스킬을 연습하고, 그 기술도 향상시킬 수 있다. 모임 참가자들의 스피치를 듣는 것만해도 많은 도움이 된다. 20대, 30대, 40대의 다양한 연령대의 사람들이 어떤 것에 관심 갖고 있는지 그리고 취향에 대해서 알 수가 있다. 또한 모임 후 뒤풀이 자리에선 다양한 업종의 직장인들과 소통할 수 있는 기회를 갖을 수 있다. 처음오는 분들도 게스트 형태로 부담 없이 참여가 가능하며, 영어 클럽과 한국어 클럽이 있으니 본인에 맞게 선택하면 된다.

여행을 다니자. 사람이 변화를 하기 위해서는 두 가지 조건이 필요하다고 한다. 하나는 공간이 바뀌어야 하고, 또 하나는 시간이 필요하다. 여행은 이 조건에 가장 적합한 활동이다. 또한 내 몸으로 직접 체험하는 새로운 경험이다. 국내 여행도 좋고, 여건이 된다면 해외 여행도 좋다. 여건이 안 된다면 가까운 인근 관광지, 전시회장, 박물관도 좋다. 직접 여행 다녔던 곳은 기억에 많이 남는다. 배움의 좋은 방법이다.

오래 전에 스페인을 여행을 간 적이 있었는데, 여행하는 내내 감탄을 했다. 매일 획일화된 아파트와 빌딩 위주의 건물을 보다가 다양한 건축양식의 그림 같은 집들을 보니 건축에 조예가 없는 나로서도 아름답다는 생각이 들었다. 내 자신이 생생한 자극에 노출

되니 오래전 일도 어제 일처럼 생생하게 느껴진다. 먹는 음식에서부터 사람들의 생활양식이 참 이렇게 다르구나 하고 느끼게 된다. 구석구석 관광지를 돌 때마다 사람들 사는 모습이 신기하게 느껴진다. 사람 사는 것에 대한 좀 더 열린 시각을 갖게 된다.

「트렌드 코리아」란 책으로 유명한 김난도 교수는 어려움을 극복하고 행복을 찾기 위한 방법으로 '트렌드 대응 능력'을 꼽았다. "저는 어떻게 트렌드를 보는가 하면 제 비결은 '왜?'라고 묻는 것입니다." 트렌드를 잘 읽으려면 '왜?'라고 물어라. 여기서 잊지 말아야 할 것이 있다. 트렌드를 공부하는 것은 유행을 쫓아가는 것을 의미하지 않는다. 수많은 트렌드 관련 자료가 있다. 그 많은 자료에서 우리는 거기서 새로운 의미를 찾아내는 것이다. 그 새로운 의미를 바탕으로 해서 상품을 기획하고 문제를 해결하는 것이다. 다시 말하면 트렌드를 공부하는 목적은 보다 객관적이고 정확한 문제해결 능력을 갖기 위함이다.

THIRD PERIOD
05

나만의 브랜드를 만들자

개인이 제조의 중심이 되는 '메이커의 시대'가 오고 있다. 정보와 지식의 민주화가 인터넷이라는 커뮤니케이션 매체를 통해 이루어지고, 기업 차원에서의 제조가 개인의 영역에서 나타나는 제조의 민주화는 이미 진행 중이다.

다시 말하면, 4차 산업혁명의 쓰나미는 그 생산의 주체 또한 기업에서 개인으로 전환되는 모습으로 나타나고 있다. 공유 자원을 바탕으로 누구나 제품을 만들 수 있는 메이커의 시대가 열리고 있다는 것이다.

- KBS 다큐멘터리 4차 산업혁명 1편 中

누구나 주인공이 될 수 있는 시대, 개인의 가치가 점점 커지는 시대가 눈앞에 현실이 되어 가고 있다. 1인 기업의 개념은 이미 30년 전에 세계 3대 경영학자 톰 피터스의 「브랜드 유」(Brand You)에 의해 나왔다. 미래학자인 대니얼 핑크도 2000년대 초반에, 조직적 인간이 20세기 경제의 주체였다면 21세기는 프리에이전트의 시대라고 말한 바 있다. 또한 시대를 앞서갔던 미국의 경영학자 피터 드러커는 "지식 근로자들은 CEO처럼 생각하고 행동해야 한다"라고 말했다.

이미 시작된 4차 산업혁명이 전해주는 소식과 석학들의 이야기는 우리에게 새로운 마인드의 변화를 요구하고 있다. 자신의 가치를 높여서 기업가적인 마인드로의 변화. 자기계발의 목적이 단순한 직장생활에서 승진과 정년퇴직 수준을 넘어서야 된다. 차별적 전문성을 갖추어 자기만의 브랜드를 가진 전문가로 포지서닝 해서 살 수 있을 정도가 되어야 한다. 이제 나만의 브랜드를 만드는 일은 호모헌드레드 시대를 살아가는, 서드 피리어드를 준비하는 우리로서는 하나 필수적인 요소가 되었다.

조직형 인간일 때는 목 놓아 자신을 알릴 필요까지는 없다. 브랜드는 회사 전문 부서에서 전담해 처리하면 된다. 영업사원인 경우 자신들의 역할도 중요하지만, 사실상 회사 브랜드를 등에 업고 영업을 한다. 고객이 먼저 회사 브랜드를 보고 이 회사가 거래할 수 있을 정도로 신뢰가 가는 회사인지 판단하고 다음단계를 진행한다. 회사에 고용된 직원은 회사 브랜드에 힘입어서 영업 및 마케팅 활동을 하는 것이다. 1인 기업으로 살아가는 경우는 내 자신이 브랜드 자체이며 내 자신이 나의 고용인이 된다. 고객도 나라는 개인을 보고 거래 유무를 판단한다. 따라서 퍼스널 브랜딩은 사업의 생존이 달린 문제가 된다. 자기만의 브랜드를 가진 1인 기업가에게만 자본이 몰리고, 그렇지 못한 일반인들은 기회가 부족해서 뒤처질 것이다.

브랜드의 유래는 다음과 같다. "브랜드(brand)는 고대에 소를 구별하고 잃어버리지 않기 위해 불에 달군 인두로 찍었던 행위, 즉 낙인에서 시작한 말이다. 다시 말해 드넓은 들판에서 방목하고 있는 소를 다른 소의 무리로부터 구분하려는 수단이었던 것이다. 그러나 오늘날 브랜드는 어떤 이름이나 상징의 의미로 사용되고 있다."(네이버 지식백과 中) 브랜드는 구분하려는, 즉 차별화하려는 의미를 내포하고 있다.

퍼스트 피리어드에서 세컨 피리어드로 생애주기가 바뀔 때, 즉 직장의 취업을 하기 위해서는 스펙이 경쟁자 간에 차별화 하는 중요한 요소다. 그래서 많은 취업 준비생들이 스펙 쌓기에 열을

올리고 있다. 세컨 피리어드 직장생활을 하면서도 한 동안 스펙은 중요한 요소였다. 하지만 요즘은 너도나도 스펙을 가지고 있다. 스펙 자체로만 보아서는 누가 더 나은 실력자인지 구분할 수 없을 정도다. 붕어빵처럼 표준적인 훌륭한 스펙을 가지고 있다. 높은 영어점수, 학점, 자격증 등 이렇기에 기업체 입장에서도 진짜 실력자를 구분하기 어렵다. 이제는 남들과 차별화된 강점을 찾아 자신만의 가치와 독특함과 탁월함을 만들어내고 그것으로 나만의 브랜드를 만들어내는 사람만이 인정받는 시대가 되었다.

직장 내에서 브랜딩을 본다면, A씨는 엑셀을 너무 잘 다루어서 복잡한 데이터 작업도 척척해 낸다. 다른 직원이 2-3일 걸릴 작업도 3-4시간이면 처리해낸다. A씨는 엑셀 전문가로 통한다. K씨 하면 보고서 작성을 잘하는 것으로 정평이 나있다. 복잡한 사안도 간단 명료하게 문서로 잘 정리한다. P씨 하면 분위기 메이커가 바로 연상된다. 그 사람이 나타나면 몇 마디 안 해도 분위가 달라진다. 하지만 S씨는 그냥 무난히 자기 일만 충실히 하는 사람이다. 특출하게 잘하는 일은 없지만 시키는 일은 문제없이 잘 처리한다. 이 네 분 중 재취업을 할 때 어떤 분이 직장을 구하기가 힘들까? 마지막에 S씨이다. 재능이나 강점이 전혀 계발되어 있지 않기 때문이다.

회사 내에서의 생존하기 위한 자기계발과 함께 우리는 평생 현역으로 살기 위한 자기계발도 해야 한다. 그 능력은 강점을 바탕으로 한 바로 '차별적 전문성'이다. 이런 차별적 전문성이 갖춰지면 자연적으로 브랜딩이 되기 시작한다. 회사 내에서 독보적인 존재가 되기 시작하면 업계에도 알려지기 시작한다.

서드 피리어드에 1인 기업가나 전문 프리랜서로 살고자 하면 한 단계 더 나아가 퍼스널 브랜딩이 되어야 한다. 자신의 업무 특기나, 자신에 다른 필살기 관련해서 소통채널을 넓히고 영향력을 확대하는 작업이 필요하다. 블로그에 자기의 전문성이 있는 주제에 대하여 지속적으로 포스팅 하는 방법도 좋다. 검색엔진에 노출이 되기에 인지도, 평판, 명성을 제고할 수 있다. 또한 글쓰기에 좋은 훈련장이 되기도 한다. 블로그 글이 모이게 되면 실제 출판사에 출판 제의를 받기도 한다.

"책 쓰기에 도전해보세요?"라는 질문에 "내가 어떻게 감히?"라고 대답할 수도 있다. 하지만 국내뿐만 아니라 전 세계적으로 '버킷리스트'(죽기 전에 해보고 싶은 일을 적은 목록)에 빠지지 않고 등장하는 것이 바로 '내 이름으로 된 책'이다. 책은 특별한 사람만 쓰는 거라고 생각하기 쉽다. 혹자는 전문가나 교수가 쓴다고 생각한다. 그러나 누구나 쓸 수 있다. 당신도 도전해 보기를 바란다.

책은 많은 분들이 이야기 하지만 베스트셀러 작가도 작가지망생도 엉덩이의 힘으로 쓴다. 책을 쓰는 이유는, 책은 최고의 퍼스널 브랜딩의 수단이기 때문이다. 내가 목 놓아 나를 외칠 필요가 없다. 또한 책은 최고의 학습수단이다. 책을 쓰는 과정에서 많은 공부를 하기에 전문 분야를 정리해주고 내공을 쌓을 수 있게 된다. 또 책이 잘 팔리게 되면, 인터뷰·강의·컨설팅 등 새로운 기회를 갖게 된다.

자신의 강점을 바탕으로 책 쓰기에 도전해보자. 나는 평범함 직장인이다. 그것도 공학도 출신이다. 평일에는 집중해서 글을 쓸 여유가 없다. 이 책도 금요일 밤부터 주말을 이용해서 썼다. 직장인들은 주말만 이용해도 충분히 책을 쓸 수 있다고 생각한다. 대신 가족들과 친구들에게 양해를 구하기 바란다. 글을 완성하는 동안은 집중이 필요하기에 주말 일정이 생기면 리듬이 깨져서 글을 중단하기 쉽다. 책을 출간하면 그 분야 전문가로 인정을 받는다. 전문성을 바탕으로 기회가 되면 강연을 할 수도 있다. 독자들과 만날 수 있는 자리가 자연스럽게 생기게 된다. 그 또한 퍼스널 브랜딩이 되는 것이다.

강연회를 열어 사람들 앞에 전문가로 서자. 요즘에는 강연을 할 수 있는 기회가 많이 있다. 이미 언급한 온오프믹스를 활용해서 자신의 특기를 바탕으로 강의를 개설할 수도 있다. 흔히 요즘은 강의 전성시대라고 한다. '세상을 바꾸는 시간, 15분', '강연 100도씨' 등 강연 프로그램이나 도심 곳곳에서 펼쳐지고 있는 강의를 찾아 다닌자. 예전의 강의와는 다른 특징은 예전에는 지식을 바탕으로 가르치는 위주의 강의였다면, 요즘에는 자신의 경험과 스토리를 바탕으로 청중들과 소통하고 공감하는 강의를 볼 수 있다.

본인의 강점을 바탕으로 한 차별적 전문성으로 만들어서 전문가로서 강연도 열고 퍼스널 브랜딩을 이루어 서드 피리어드에 평생 현역으로 우뚝 서기를 진심으로 바란다.

··· 제6장

가치를 전하며 서드 피리어드를 사는 법

THIRD PERIOD
01

인생 3막은 세상에 좋은 영향력을 미치며 사는 것이다

난 잃어버린 나를 만나고 싶어

모두 잠든 후에 나에게 편지를 쓰네

내 마음 깊이 초라한 모습으로

힘없이 서있는 나를 안아주고 싶어

(중략)

이제 나의 친구들은 더 이상 우리가 사랑했던

동화 속의 주인공들을 이야기하지 않는다

고흐의 불꽃같은 삶도, 니체의 상처 입은 분노도

스스로의 현실엔 더이상 도움 될 것이 없다 말한다

전망 좋은 직장과 가족 안에서의 안정과

은행 구좌의 잔고 액수가 모든 가치의 척도인가

돈, 큰 집, 빠른 차, 여자, 명성, 사회적 지위

그런 것들에 과연 우리의 행복이 있을까

나만 혼자 뒤떨어져 다른 곳으로 가는 걸까

가끔씩은 불안한 맘도 없진 않지만

걱정스런 눈빛으로 날 바라보는 친구여,

우린 결국 같은 곳으로 가고 있는데

(중략)

- 신해철 「나에게 쓰는 편지」 中

전혀 예상치 못한 신해철의 비보는 아직까지도 팬들에게 많은 안타까움과 슬픔을 안겨주고 있다. 그를 잊지 못하는 건, 아마도 그의 노래 가사가 사람들에게 전해주는 메시지의 힘 때문일 것이다. 한 설문 조사 결과에서도 네티즌의 25%가 신해철의 노래를 좋아하는 이유로 가사를 뽑았다. "가사 한 마디, 한 마디가 지금 이 시대를 살아가는 내 마음을 두드렸다"라고 어느 네티즌은 말했다.

어떻게 살 것인가! 돌아보면 우리 각자는 학창시절 '삶'에 대해 고민과 방황을 했었다. 나는 고등학교 1학년 때 제법 많은 고민을 했었다. 표현할 수 없는 묘한 감정이 들 때에는 무작정 밖으로 나와 걷고 또 걸었다. 어떤 날은 하루 종일 걸었다. 왠지 걸으면 마음이 평온해졌고, 조금 더 걸으면 뭔가 깨달음의 소식을 들을 수 있을 거라는 생각이 들었다. 그 당시 걷는 것은 나에게 명상과도 같은 것이었다. 걷는 거와 이따금 책을 보는 게 그 시절 나만의 방황해소법이었다.

삶의 본질을 고민했던 시절을 당신도 생각해보라. 세월이 흘렀지만 어제 일처럼 그 시절의 기억이 생생할 것이다. 당시 현실에서는 공부하는 것 외에는 세상에 영향력을 끼칠 수 없었던 시절이기도 했다. 대학을 진학해서 결국 취직을 하는 게 우리의 최우선 과제였다. 현실에서는 직장에 들어가는 게 우선이었다. 스펙 쌓기와 같은 어려운 취업준비생 과정을 거치고 어렵게 직장에 들어갔다. 인생 1막(퍼스트 피리어드, 1~30세)은 보통 사람들에게 있어서는 직장에 취업하기 위해 달려왔던 과정이었다. 우리는 최우선 과제를 성공적으로 수행해서 취업의 관문을 통과하는데 성공했다. 오래 전 일이겠지만 축하한다.

인생 2막(세컨 피리어드, 31-60세)은 취업의 문턱을 넘으며 기쁘고 즐거웠던 시절이 어느 순간 까마득해진다. 생존을 위해 열심히 직장생활을 하고 있지만 왠지 모를 미래에 대한 불안과 불만으로 '제2의 사춘기'를 열병처럼 앓는다. 익숙해진 일에 대한 매너리즘과 아직 가슴속에서 꿈틀거리고 있는 '성장욕구' 사이에 갈등한다. 이때 다시 고민한다. 내가 하는 이 일을 평생하면 정말 행복할까? 일을 하면서 나의 가치는 실현할 수는 없는가? 이러한 본질적인 고민들을 어떤 이는 그냥 친구들과 어울려 술을 마시거나, 직장 선후배들과 이야기 나누며 마음을 달래기도 한다. 달래지지 않을 경우 진통제처럼 주기적으로 그 생활을 반복하며 아까운 시간은 흘러만 간다.

"우리가 찾는 소중함들은 항상 변하지 않아"라는 노래의 가사처럼 삶의 소중한 가치는 변하지 않는다. 나는 삶에 있어서 진정한 성장이란 '나'라는 개념이 살아온 세월과 함께 '보다 큰 나'로 자라는 과정이라고 본다. 나의 좋은 영향력이 나→가족→세상으로 점점 확대되는 과정이라고 생각한다. 비중이 확대된다는 의미다. 1막에서 나는 나를 위한 존재였다. 나를 위해서 교육받고 공부하며 2막을 대비하여 직장을 구하기 위해 열심히 살아왔다. 2막에서 나는 나와 가족을 위한 존재였다. 가족을 부양하기 위해 직장인으로서 부를 추구하며 산다. 직장 안과 밖에서 경쟁하며 열심히 전문성을 키우고 또 다른 내일을 위해 3막을 준비하며 살아간다. 인생 3막에서 나는 나, 가족, 그리고 세상을 위한 존재다. 나의 재능과 강점을 세상에 좋은 영향력을 미치며 사는 것이다.

세상에 좋은 영향을 미치며 가치 있게 사는 방법에는 여러 가지가 있다. 첫째, 복지단체와 학교 등 공익단체에 물질적인 기부를 한다. 둘째, 정기적으로 복지단체에서 자원봉사를 한다. 셋째, 재능을 기부하며 세상에 좋은 영향력을 미치며 산다.

먼저 기부사례를 살펴보면, 한 노부부(76살 이승웅, 72살, 조정자)의 기부 사연이 우리에게 감동을 준다. 본인들은 꿰맨 양말에 만 원짜리 가방을 메면서도 평생 모아 일군 75억 원 상당의 부동산을 카이스트에 기부했다. 이 부부는 힘들게 모은 재산을 썩지 않는 곳에 쓰고 싶었다고 한다(2015년 11월 16일자 YTN 뉴스).

둘째, 복지단체 자원봉사 관련해서 예전보다 편리하게 손쉽게 할 수 있다. 바로 '사회복지 자원봉사 인증관리'(www.vms.or.kr)라는 사이트를 통해 봉사활동처를 조회를 할 수 있고, 봉사활동 신청을 할 수 있다. 또한 그동안 봉사를 얼마만큼 했는지 '자원봉사실적'을 조회해 볼 수 도 있다. 이제 마음만 먹으면 얼마든지 봉사활동을 활동을 체계적으로 할 수 있는 시대다.

셋째, 재능기부 관련해서, 나는 약 십년 전 회사 내 'IT서포터즈'란 봉사조직에 자원을 해서 약 1년간 봉사활동을 하였다. 내가 하는 업무와는 성격이 전혀 다른 일이라 내 자신도, 주변 직장 동료들도 많이 걱정했다. 그러나 지금 생각해보니, 인생일대에 가장 잘한 결정 가운데 하나였다. 주요 미션은 매주 관내 사회복지관은 물론, 청소년 쉼터와 저소득층 가정을 직접 방문해 디지털 카메라와 핸드폰 사용법과 컴퓨터 UCC 동영상 등에 대해 가르치는 것이었다. 재능도 기부가 될 수 있구나를 온몸으로 체험했던 시간이었다. 주로 복지회관에서 강의를 하였는데, 우리 사회의 원로급과 멘토급 어르신들과 직접 옆에서 교감할 수 있는 기회가 되었다. 나는 그분들에게 IT지식을 전해주었지만, 그분들은 나에게 주옥같은 삶의 소중한 가치를 전해 주었다(관련기사: 수원일보 http://www.suwon.com/news/articleView.html?idxno=25768).

다람쥐 쳇바퀴 돌 듯, 직장생활만 하다가 갖게 된 1년간의 재능기부 봉사활동은 삶에 대해 여러 각도로 다시 한 번 생각할 수 있는 기회였다. 직접 체험했던 베푸는 즐거움, 무언가를 받았을 때보다 마음이 더 차오르는 듯한 뿌듯함은 잊지 못할 경험이었다. 나는 이 무렵 고등학교 시절 나에게 끊임없이 던졌던 '어떻게 살 것인가!'에 대한 답을 나름대로 정리할 수 있었다. 나의 재능을 활용해서 다른 사람들을 잘 되게 살다가는 것이다. 책을 쓰면서 다시 한 번 정리하는 기회를 가졌다. 내가 태어나면서 부여받은 재능을 찾아서 그 중에서 세상에 좋은 영향력을 끼칠 수 있는 재능을 강점화 시켜 다른 사람들 잘 되게 한 평생 살다가는 것이다. 그러면 어떻게 세상에 좋은 영향력을 미치며 살 수 있을까? 나는 어떻게 하면 상대방이 원하는 것을 제공할 수 있는가? 요즘 '나다움 신드롬'이다. 나는 '나다움은 자신의 타고난 재능을 바탕으로 사는 것이다'라고 생각한다. 자신의 참된 재능을 발견하려는 자기 성찰의 시간을 갖지 않으면서, 무작정 발산하는 에너지는 진정한 나다움이 아니다.

자신의 재능을 발견하고 강점을 강화하여 차별적 전문가가 되자. 한 인간으로 할 수 있는 영향력의 최대치는 나의 재능을 발견해서 강점화 시켜 그 재능을 남을 위해 쓰는 것이다. 우리는 차별적 전문성을 만들어서 평생 현역으로 살고자 한다. 이 전문성을 바탕으로 내 자신이 내 강점의 브랜드가 되어 그리고 조직형 인간에서 기업가적인 인간으로 진화하여 서드 피리어드에서 세상에 좋은 영향력을 미치며 사는 것이다. 나, 가족, 세상 사람 모두가 잘 되는 길을 가보자.

THIRD PERIOD

02

주변과
신뢰 관계를 쌓아라

"나이 들어서 남는 건 가족밖에 없다."고 한다. 새벽에 성남고속버스 터미널로 부모님이 시골에서 긴급히 올라 오셨다. 막내 여동생은 성남 터미널 옆에 차를 대기하고 있었다. 부모님이 도착하시자마자 동생은 부모님을 차에 태운 뒤 분당서울대병원 응급실로 급히 들어갔다. 이와 동시에 가족 카톡방에는 수시로 동생들과 현재 상황에 대해서 메시지를 주고 받았다. 어머니가 올라오신 이유는 약 2주간 자리에서 일어나 거동을 못하고 누워만 계셨기 때문이다. 시골에 아버지도 계셨지만, 만일의 상황에 대비해 자식들이 있는 수도권으로 올라오시도록 우리가 권유한 것이다. 응급실에서 병실로 옮기고 나서 2주 동안 병원에 입원해 있었고, 그후

요양원에서 2주간 더 요양을 하였다. 직장에 다니는 동생들과 번갈아 가면서 어머니를 간호했다. 낮에는 분당에 사는 동생이, 저녁에는 나와 서울에 있는 다른 동생이 퇴근 후 병원을 찾았다. 약 한달 간은 가족의 소중함을 온몸으로 느꼈던 시간이었다. 좋지 않은 상황에 처했을 경우, 특히 가족 중에 어느 한 사람이 아픈 경우 내가 의지할 곳은 '가족'이구나를 가슴깊이 느꼈던 시간이었다.

"세상에서 가장 소중한 관계는 무엇인가?"라고 묻는다면, 나는 당연히 "가족이다"고 대답할 것이다. 우선순위에 있어서 돈과 권력과 명예보다 앞선다. 그럼에도 바쁜 직장생활 속에서 슬그머니 밀려나는 관계가 '가족'이다. 나는 부모님과 형제들이 서로 멀리 떨어져 사는 관계로 물리적으로 자주 못 만나지만 요즘은 거의 매일 가족 카톡방으로 가족들의 안부를 묻는다. 살아가면서 어려울 때 연락할 수 있는 정말 소중한 인맥은 부모, 형제, 가족, 가까운 이웃, 친구 등 가까운 곳에 있는 분들이다. 서로 간에 힐링을 줄 수 있는 관계다. 인생에 있어서 많은 인맥이 있지만 서로 간에 조건 없이 사랑을 줄 수 있는 소중한 관계를 더욱 잘 아껴야 서드 피리어드의 삶도 외롭지 않고 그분들과 더불어 가치 있는 삶을 살 수 있게 된다.

요즘 SNS와 스마트폰의 보급 등으로 인간관계의 폭은 넓어

졌지만, 깊이는 오히려 얕아졌다고 한다. 알고 있는 사람 수만을 따진다면 일반인들도 페이스북, 카카오톡, 밴드에서 연락 가능한 수만 거의 마당발 수준의 인맥수를 가지고 있다. 이렇게 양적인 측면에서는 확실하게 늘었다. 하지만 질적인 측면에서는 깊이 있는 관계를 못 맺고 있다. 스마트폰으로 SNS상 관계의 숫자는 늘었지만 정작 소중한 관계의 수는 줄어든 것이다. SNS상에서는 대부분의 활동이 사람들이 내게 관심을 갖도록 글을 올린다. 어디서 무엇을 먹었는지, 어디에 갔는지, 현재 기분은 어떤지 등 나만의 새로운 모습을 올린다. 일종의 마케팅적인 활동이다. 나는 소중한 인맥에 대해서 오히려 '직접 다가서는 활동'을 해야 관계가 돈독해지고 유지된다고 생각한다.

첫째, 자신의 '소중한 인맥리스트'를 만들어 보자. 가깝게 지내고 있다는 것은 무언가 서로 통한다는 것이다. 오랫동안 소중한 관계가 될 가능성이 굉장히 크다. 스마트폰이 보편화되기 전에는 해마다 연말이 되면 수첩을 구입해서 연락처를 정리했다. 그 과정에서 자연스럽게 지인의 목록이 정리가 됐었다. 스쳐지나갔던 연락처는 삭제하고, 추가할 인맥은 새로 기입하면서 아는 인맥들을 다시 한 번 생각해보는 시간을 자연스럽게 가졌다. 하지만 요즘에는 휴대전화이 바뀌더라도 다시 정리할 필요가 없어졌다. 연락처를 휴대전화에서 휴대전화으로 옮길 수 있기 때문이다. 그 만큼 편리해졌다. 대신 저장된 연락처를 잘 안 보게 된다. 또한 카카오톡, 페이스북 등에 연락처가 정리되어 있는 목록이 있으니 정리할 필요성도 못 느끼게 된다. 등잔 밑이 어두운 것처럼, 정말 아껴야 인맥은 후순위로 밀리고, 다른 인맥들에게 시간을 쏟는 우를 범하지는 않고 있는지 잘 생각해봐야 한다. 다음의 〈소중한 인맥 List〉를 적어보라. 많이 적을 필요는 없다. 각 관계별로 자신과 소통이 잘 되는 몇 사람만 적으면 충분하다.

소중한 인맥 List

구분	나의 인맥	메 모
가족	홍길동	
친척		
친구		
직장 동료		
동호회		
SNS (Facebook)		
SNS (Band)		
인터넷 커뮤니티		
기타		

둘째, 꾸준하게 관심을 갖고 연락을 하자. 친척들 가운데에도 오래 전에는 친했지만, 한동안 연락을 안 하게 되어 서먹하게 된 경험이 있을 것이다. 좋은 인맥으로 발전할 수 있는 관계가 더 이

상 진전을 못한 경우다. 더군다나 '나이 들면 새로운 친구를 사귀기가 어렵다'고 한다. 서드 피리어드에 가서 그때 사람을 사귀려고 하기에는 여의치 않다. 서로 친구가 되기 위해서는 신뢰가 필수적인데, 그건 단시일에 형성되지 않는다. 서로간의 취향이 먼저 통해야 되고 말과 행동이 일관성 있게 지속될 때 신뢰가 형성되어 좋은 인간관계가 되는데, 이는 시간이 많이 소요된다. 혹 연락이 소원해진 좋은 인맥이 있다면, 이번 기회를 통해 연락을 해보자.

셋째, 인맥관리에 '스마트폰' 등 IT기기를 잘 활용하자. 생일 같은 경사 일은 지인들에게 연락하기 좋다. 스마트폰의 캘린더에 미리 입력해서 알람이 설정되도록 하자. 업무처리로 바쁠 때에는 정말 유용한 기능이다. 또한 스마트폰 기능이 좋아져서 연락처 입력 시 10가지 이상의 정보를 입력할 수 있다. 이메일 주소, 별명, 벨소리 등까지도 지정할 수 있다. 사회생활에서 가장 중요하면서도 어려운 게 인간관계다. 인간관계를 잘 하고 있는 분들조차 힘들어하는 것을 본다. 조금만 신경 쓰면 훌륭한 관계를 유지하고 맺을 수 있는 게 가족과 같은 소중한 사람들과의 관계가 아닌가 싶다. 비즈니스적인 관계에 치우치지 않는 균형있는 '스마트 한 인맥경영'이 필요한 시대다.

서울대 행복연구소 소장 최인철 교수는 행복의 3대 요소는

'자유, 유능, 관계'라고 말한다. 자유를 누릴 때, 자신의 능력을 인정받을 때, 주변 사람과 관계가 좋을 때 행복감을 느낀다고 한다. 「부의 추월차선」의 저자 엠제이 드마코는 부의 3요소를 '관계, 건강, 자유'라고 이야기 한다. 이처럼 관계는 행복의 중요한 요소다. 좀 더 깊은 그리고 생산적인 관계를 위해선 어떠한 소통의 기술이 필요할까?

먼저, 머물고 있는 그 한 세계에만 집중하라. 온라인을 사용 중이면 온라인에 집중하고, 오프라인 미팅 중이면 미팅 그 자체에 집중하라. 교육 받는 도중이나, 회의 참석도중, 심지어 대화 도중에도 울려대는 메시지 알람소리에 수시로 스마트폰을 확인한다. 재미있는 것은 요즘 대화 중에 상대방이 놀라운 새로운 뉴스를 전한다. 그 순간 주변을 둘러보라! 벌써 몇몇 사람이 스마트폰을 꺼내 상대방의 정보가 맞는지 안 맞는지 검색하기 시작한다. 어떤 분은 좀 전에 말한 관련 정보를 자세히 알고자 여기저기 찾아 헤매는 검색 삼매경에 빠진다. 급기야 몇몇 분은 사오정으로 변신한다. 오프라인 상에서 이 매너만 지켜도 상대방은 당신을 달리보고 당신과 소통하고 싶어할 것이다.

둘째, 상대방의 말을 중간에 자르지 마라. 경청을 이야기 하고자 한다. 당신도 이야기를 한참 하고 있는데 상대방이 다짜고짜

끼여들어 하려던 이야기를 못해본 기억이 있을 것이다. 다시 이야기 하려고 하는데, 이야기 소재는 이미 다른 주제로 넘어가 있다. 우리의 일상대화에서 흔히 일어나는 모습이다. 요즘과 같이 스마트폰 등 대화의 방해 요소가 많은 상황에서 본인은 상대방 말을 자르고 있다는 사실을 모른 채 무심결에 자르는 경우가 있다. 소통은 고도의 기술 필요하지 않는다. 상식적인 부분을 잘 체질화 시키는 길이 지름길이다. 경청에는 4가지 단계가 있다고 한다.

1. 배우자 경청: 신문이나 TV를 보며 건성으로 듣는 것, 말을 가로 막기도 한다.
2. 소극적 경청: 건성으로 듣는 시늉만 한다.
3. 적극적 경청: 상대의 말에 주의를 기울이며 공감을 표현한다.
4. 맥락적 경청: 가장 높은 단계. 말 자체 뿐 아니라 말하는 사람이 그 말을 어떤 맥락에서 꺼냈나, 그 말을 하게 된 의도와 감정과 배경까지 헤아리면서 듣는 것을 말한다.

한 가지 예를 들어서 설명한다. 아내가 부부 동반 모임을 준비하며 파란 옷을 입을까 빨간 옷을 입을까 고민하며 남편에게 묻는다.

1. 배우자 경청 레벨 남편: 바빠 죽겠는데 쓸데없이 그런 걸 왜 물어?
2. 소극적 경청 레벨 남편: 둘다 좋네
3. 적극적 경청 레벨 남편: 당신은 빨간 옷을 입는 게 좋아.
4. 맥락적 경청 레벨 남편: 당신이 모처럼 나가는 모임이라 신경 쓰이나 보네. 내 생각엔 새로 산 빨간 옷이 더 잘 어울릴 것 같아.

-「훈창통」(이지훈 저)

당신은 네 가지 레벨 중 어디에 해당되는가?

셋째, 결론이나 중요한 것을 먼저 말하는 습관을 들이자. 말을 이리저리 중언부언 하는 경우가 있다. 이럴 경우, 경청을 하려 해도 듣기가 힘들다. '도무지 무슨 말을 하려는 거야?'라고 상대방이 생각을 하게 된다. 너도 나도 바쁜 세상이다. 상대방이 자신의 말을 경청하지 못하는 일부분의 책임은 자신에게도 있다. 중요한 말만 간단하게 정리해서 말하도록 하자.

넷째, 양보다 질을 추구하자. 지금 스마트 폰을 꺼내어 SNS 친구의 수를 헤아려 보자. 카카오톡 친구 수만 하더라도 적어도 삼백 명이 넘을 것이고 많으면 일천 명이 넘을 것이다. 또 밴드의 동창 및 동호회 등 정말 아는 사람도 많다. 그리고 서랍에 있는 명함철을 보라 얼굴도 생각나지 않은 명함이 많을 것이다. 나는 온라인과 오프라인이 혼재한 이 시대 관계의 가장 큰 요소는 질적인 부분이라고 생각한다. 많은 사람을 만나지만 많은 사람과 친해질 수가 없다. 영국의 옥스퍼드 대학의 로빈 던바 교수는 인간은 진정으로 우호적인 관계를 유지할 수 있는 친분 관계를 유지할 수 있는 사람 수가 150명 정도라고 한다. SNS 친구 관리에 많은 시간을 투자하는 사람이 많다. 아울러서, 한 사람이라도 질적으로 가까워질 수 있는 소통의 자리를 만드는 것도 잊지 말자.

마지막으로, 사람 사이의 소통과 관계는 꾸준한 관리의 대상이지 목표 달성의 대상이 아니다. 사람 사이의 관계는 효율적인 법칙이 적용이 되지 않는다. 사람에 따라 다 다르기 때문이다. 사람에 따라 친해지는 시간이 다르다. 또한 갈등 해결의 시간이 각기 다르다. 꾸준히 소통하고 배려하면서 관리하는 길이 정도다.

THIRD PERIOD

03

재능 기부할 수 있는 분야를 찾아라

> 인생은 늙어가는 것이 아니라 '익어가는' 것이다. 어떻게 살아야 할까? 그는 '준비하라'고 했다. 10대에 20대를 준비했던 것처럼 50세쯤에 자신이 80대에 어떻게 살고 있을지 상상하고 준비하지 않으면 허송세월 한다.
> - 98세 김형석 연세대 철학과 명예교수

우리는 서드 피리어드를 준비하고 있다. 우리는 부와 명예 그리고 가치 있는 나눔의 삶을 다함께 이루고자 한다. 직장생활에서 정해진 일 위주로 오랫동안 생활을 하다보면, 자신의 재능에 대해서 곰곰이 생각해 볼 시간을 갖지 못하는 경우가 있다. 재능을 단지 피아노, 체육, 미술 등의 예체능에 국한해서 생각하여 어떤 이는 재능이 없다고까지 말하기도 하다.

기존의 IQ테스트 지능검사로는 언어와 논리수학 지능과 같은 부분만 단편적으로 측정이 가능한 반면, 하버드대학교 교수인 하워드 가드너 박사가 만든 다중 지능 이론은 언어지능, 논리수학지능, 음악지능, 공간지능, 신체운동지능, 대인친화지능, 자연친화지능, 자기성찰지능으로 나눈다. 이 각각의 지능이 조합되면서 다양한 재능이 개인마다 발현될 수 있다고 한다.

재능을 아직 찾지 못했다면 내가 오랫동안 즐겨온 취미나 특기가 무엇인지? 내가 가장 즐기는 일이 무엇인지 생각해보자. 취미나 특기도 잘 개발하면 서드 피리어드에 전문성으로 발현되어 세상 사람들이 원하는 것을 제공할 수 있다.

> 재능 기부는 자신의 재능을 사회에 기부하는 것이다. '자신의 역량을 마케팅이나 기술 개발에만 사용하지 않고 기부를 통해 적극적인 활동을 벌임으로써 사회에 기여하려는 것'을 말한다.
>
>   - 네이버 시사상식사전 中

예전에는 기부라고 하면 부유한 사람이나 기업만이 돈이나 물건으로 하는 것으로 인식했었다. 이제는 기부문화가 진화하고 있다. 재능기부도 기부의 새로운 형태로 자리 잡아가고 있다. 재능기부는 개인이 가진 재능을 사회복지단체, 공공기관 등에 공헌하는 것을 말한다. 기부문화의 패러다임이 변화하고 있는 것이다. 기부의 주체가 기업, 공익재단, 특정 부유한 사람에서 개인도 나눔을 실천할 수 있게 되어 기부주체가 다양해졌다. 또한 물적으로 편중되었던 기부에서 재능기부로 가능하게 되어 기존 물전기부만 가능하다는 고정관념이 바뀌었다. 그리고 신용카드 포인트, ARS를 이용한 기부 등 나눔을 실천할 수 있는 길이 많이 열렸다. 특히 재능 기부는 긍정적인 측면이 많이 있다.

먼저, 1회성인 금전적인 기부에 비해 6개월 또는 1년 이상 지속적으로 기부를 할 수 있다.

둘째, 평생 현역을 준비하는 직장인들은 재능기부를 하는 과정에서 자신의 전문성을 키울 수 있다. 취미나 특기 위주의 여가활동과 남에게 봉사하는 것은 차원이 다르다는 것을 알게 된다. 나는 과거 1년간 회사의 봉사전담 조직에 있었을 때, 단순히 아는 것과 남에게 전달하는 것, 가르치는 것은 다른 차원의 문제라는 것을 체험했다. 쉬운 내용일수록 더 어렵다. 그 과정에서 보다 더 확실하게 내 것으로 정립할 수 있는 기회가 됐다.

업무 성격상 자신의 직무를 평생 현역의 전문성으로 직접 계발할 수 없는 경우가 있다. 자기의 특기와 취미를 기반으로 평생 현역을 준비하는 것이 차선책이 된다. 이 경우 이론과 기술은 노력으로 공부하고 익힐 수가 있다. 하지만 한 가지 못하는 것 있다. 경험이다. 경험이 있어야 그 경험을 바탕으로 피드백을 해서 자신의 이론을 보충하고 기술을 보완해서 발전하는 선순환의 발전할 수가 있다. 재능기부는 그러한 소중한 경험을 갖게 해준다.

셋째, 미래의 고객을 직접 만날 수가 있다는 것이다. 고객의 니즈를 재능기부 과정에서 직접 파악할 수 있게 된다. 이해 관계로 만나는 관계가 아니기 때문에 고객하고 진솔한 소통이 가능하다. 이것은 돈으로 환산할 수 없는 가치다. 평생 현역을 준비한다면 재능기부는 설혹 고생이 될 지라도 사서라도 해야 한다.

▶재능 기부할 수 있는 분야를 찾았는데, 어떻게 기부해야 하나?
사회복지단체나 공익기관을 통해서 자원봉사 신청을 직접해도 된다. 자신이 직접아는 기관이 없을 경우는 1365 자원봉사포털 www.1365.go.kr을 활용해도 된다.

- 참여방법: www.1365.go.kr 접속 → 좌측하단 '재능나눔형 자원봉사'를 클릭하면 참여대상을 확인할 수 있으며 자신이 가지고 있는 재능 등록을 할 수 있다.
- 프로세스는 다음과 같은 순으로 진행된다.
  1. 재능등록: 자원봉사자가 온라인으로 재능나눔 자원봉사자 등록을 신청
  2. 등록승인: 자원봉사센터 관리자가 등록 신청을 승인
  3. 일감검색: 자원봉사자가 재능분야에 맞는 일감을 찾아서 재능활동을 신청
  4. 재능활동: 자원봉사자가 연계된 일감의 날짜와 시간 등을 확인하고 재능봉사 활동을 진행

▶ 재능기부를 하는데, 나는 '투잡형식'으로 하고 싶은데 어떻게 해야 하나? 아래 사이트를 활용하면 된다

국내	
크몽	
크레벅스	개인이 갖고 있는 재능을 등록 거래
오투잡	
숨고	특정 문제 해결 매칭에 무게 중심
프립	
마이리얼트립	야외 활동 분야에서 개인의 재능에 기반한 서비스 제공
탈잉	대학생간 강의 중심 서비스
해외	
썸택(Thumbtack)	
벌로컬(Verlocal)	지역 전문가 중개 서비스
피버(Fiverr)	텔아비브 소재 재능 마켓
잘리(Zaarly)	홈크리닝, 집수리 등 전문가 연결

국내외 주요재능공유 스타트업 현황(자료: 업계)

각 사이트는 홈페이지와 더불어 스마트폰 앱이 제공이 된다. 주목할 만한 것은 나만의 특기나 취미가 사고 팔리는 시대가 됐다는 것이다. 국내외 관련 스타트업이 속속 출현하고 있고, SK텔레콤도 2016년 11월 재능시장에 뛰어 들었다.

예컨대 춤이나 서예, 글씨예술(캘리그라피) 등의 특기가 있는 사람은 자신의 장기를 상품화 해 재능공유 플랫폼에 올려놓을 수 있다. 자신에 대한 소개, 강의 가격 등이 서비스 구성 요소다. 다른 사용자는 이 강의를 구매할 수 있다. 결제가 되면 '특기' 판매자와 구매자가 서로 강의 시간과 장소를 협의할 수 있다. 춤·노래 같은 재주가 아니더라도 특정 분야에 조예가 깊다면 재능으로 판매할 수 있다. 파워포인트(PPT)·동영상 제작 같은 업무 기술은 물론 삼국지·군사(밀리터리)·야영 등 취미 성격이 강한 분야도 가능하다. 특정 분야에 몰두하는 마니아를 뜻하는 '덕후'가 재능공유 플랫폼에서는 빛을 발하는 격이다. 국내 대표 재능공유 스타트업으로는 '크몽', '프립', '숨고' 등이 꼽힌다.

— 2016년 12월 20일자 이데일리 中

시간이 갈수록 개인의 재능과 경험이 시장이 되는 시대가 되고 있다. 앞으로 그 정도는 심화될 것이다. 자신의 재능에서 강점을 발견하고 강점을 통해서 전문성을 확보해서 세상 사람에게 재능기부로 가치를 전달하며 경제적인 부와 명예, 시간으로부터 자유로운 호모헌드레드 평생 현역인의 출현이 예고되고 있다.

서두에서 김형석 명예교수가 말한 지혜의 조언을 다시 한 번 생각해보자. "50세쯤에 자신이 80대에 어떻게 살고 있을지 상상하고 준비하지 않으면 허송세월 한다." 현 직장인 상황에 맞게 재해석 한다면, 나는 평균 직장인 퇴직연령이 53세임을 고려하면 40대 초 늦어도 40대 중반에는 준비해야 된다고 생각한다. 개인이 전문성을 확보할 수 있는 기간도 필요하다.

THIRD PERIOD

04

스피치 등 청중을 만날 기회를 통해 가치를 전하라

인공지능과 로봇이 대체할 수 없는 직업은 어떠한 것들이 있을까? 한국고용정보원이 발표한 자료에 의하면 1위는 화가와 조각가, 2위는 사진작가, 3위는 작가 및 관련 전문가였다. 이들 직업은 대부분 인간의 감성과 창의력이 필요한 일이었다. 한국고용정보원이 대체 불가능한 기준으로 삼았던 것은 첫째 창의력이 얼마나 필요한지, 둘째 예술과 관련된 일인지, 셋째 사람들과 많은 의사소통을 해야 하는지 였다. 추가적인 가이드라인은 1장의 〈4차 산업혁명 시대를 대비하는 길〉을 참조하기 바란다.

청중과 함께 어우러져 이야기 꽃을 피우는 강연과 스피치도 인간의 고유 영역으로 계속해서 자리잡고 더욱더 발전적으로 진화해 나갈 것이다. 언론보도에 따르면, 대한민국은 지금 '강연열풍시대'에 살고 있다고 한다. 강연시장 규모만 해도 3조 원대, 강연료만 따지면 2조 원대로 추산된다. 강연 프로그램도 방송사마다 많은 인기를 얻고 있다. '세상을 바꾸는 시간 15분', '강연 100℃', '스타특강쇼', '이야기쇼 두드림' 등에서 다양한 분야의 전문가들로부터 일반 사람에 이르기까지 부담없는 시간 동안 시청자들에게 삶의 지혜를 들려준다.

강연기획사 마이크임팩트의 한동헌 대표는 "지식전달 수단이던 강연이 문화현상이 된 것은 거부할 수 없는 트렌드"라고 말했다. '사람들은 왜 강연을 듣고 싶어할까?'라는 질문에 그는 "이야기를 듣고자 하는 욕구는 형태만 다르지 언제나 있어 왔다. IT(정보기술)가 발달하면서 오프라인에서 소통하려는 갈망은 커졌다. 해답을 알 수 없는 시대에 다른 사람의 이야기에 더 귀를 기울이게 된 것이다. 책 한 권을 읽는 것에 비하면 지식의 양이 많다고 할 수 없지만 강연은 몸짓과 표정, 이야기가 어우러져 전달력이 높다. '영향력=양×질'이라는 등식에서 강연이 책보다 삶을 변화시키는 데 더 탁월하다"라고 대답했다.

20만 원짜리 표가 동났다. 강연에 목마른 대한민국

지루할 수 있는 인문학 설명, 직장인이 출근해야 하는 평일 오전, 그리고 20만원이 넘는 티켓 값보다 청중이 몰리기 어려운 조건을 갖추기는 쉽지 않다.

인문학 지지층으로 유료객석은 만석(200석)을 이뤘다. 이날 포럼은 '함께 이롭게 더불어 행복하게'란 주제로 혜민 스님(미 햄프셔대 교수), 김홍신(건국대 교수), 데니스 홍(미 UCLA 교수), 변창구(전 서울대 부총장) 등 강사 27명이 차례로 강연했다. 강연 티켓이 장당 20만원으로 고가였음에도 일찌감치 매진됐고 표를 구하려는 대기자만 수백여 명에 달했다.

— 2015년 1월 17일자 한국일보 中

배움에 목마른 2016 한국인 점점 달아오르는 '강연시장'

바야흐로 강연의 시대다. TV를 틀면 의사, 변호사 같은 전문직에 종사하는 사람들이 연사로 나선 생활 상식 강연이나 청년을 대상으로 한 강연까지 그야말로 강연이 넘쳐난다. 우리 주변에서도 크고 작은 강연이 지금도 열리고 있다. 대한민국은 '강연 열풍 2.0' 시대를 맞이했다.

술·여행·음악·창업 성공기 등 '개인의 취향'에 맞춘 강연이 늘어나고 청중 10인 내외 소규모 기획도 강연 열풍에 선택권의 폭이 넓어져 이제 스터디로 인맥 관리를 한다.

— 2016년 10월 10일자 부산일보 中

강연시장 규모가 3조 원대, 온·오프라인 할 것 없이 열리고 있는 강연열풍은 그 만큼 강연과 스피치가 '가치 있는' 일이라는 것을 나타낸다.

전문가로서 서드 피리어드의 가치를 전하면서 살기를 원한다면, 강연과 스피치는 훌륭한 전달 수단이 된다. 시간이 걸리더라도 익혀야 할 충분한 가치가 있는 분야다. 익숙해지고 훈련만 된다면 100세까지 충분히 활용할 수 있는 기술이 될 수 있기 때문이다. 91세 송해 선생은 지금도 마이크를 잡고 전국을 누비며 다니고 있으며, 98세 김형석 교수도 전문 강사 못지않게 전국을 무대로 강연을 하고 있다. 혹시 김형석 교수 강의하시는 모습을 본 일이 있는가! 그 연세에도 서서 강의를 하신다. 우스갯소리로 내가 주변 직장동료에게 하는 말이 있다. "입으로 먹고 사는 일이 사업자본도 안 들면서 가장 오랫동안 할 수 있는 일이다." 먼저 서드 피리어드를 사시는 분들이 몸으로 이렇게 증명을 해주지 않는가! 그렇다면 강의, 스피치를 기술을 습득하려면 어떻게 해야 할까?

1단계는 강사만이 강의를 할 수 있다는 생각을 버리자. 요즘에는 강의진행 방식이 일방적인 지식 전달위주가 아니다. 양방향으로 서로 소통하면서 강의진행을 한다. 강사의 달변보다는 진정성과 전문성으로 청중들을 설득한다. 케이블 TV 프로그램으로는 시청률 3%를 자랑하는 김제동의 〈톡투유〉 진행방식은 기존과 다르다. '듣는 사람과 말하는 사람의 역할'이 일방적이 아니다. 관객이 참여하고 사회자는 진행하면서 서로 답을 찾아가는 프로그램이다. 청중을 배려하는 강의의 기초적인 기술만 익힌다면, 그 다음은 내공을 쌓으면서 자기만의 독특한 스타일로 강의를 하면 된다. 틀에 박힌 듯한 일방적인 강의는 요즘 듣지 않는 추세다.

2단계는 먼저 다양한 강의에 노출이 되어야 한다. 스타강사인 김미경 씨가 무명시절 피아노 학원을 그만두고 강사라는 직업에 도전할 때 무려 2년 동안 "다른 강사들을 쫓아다니면서 수없이 강의를 들어보았고, 소규모 강의들을 직접 만들면서 나 자신을 끊임없이 테스트 했다. 내가 본격적으로 강의에 뛰어든 것은, 이와 같은 검증 작업을 마친 뒤였다"고 한다. 요즘에는 다양한 TV 강연 프로그램, 저자 강연회, 소규모 형태의 다양한 강연회 거의 매일 열리고 있다. 틈나는 대로 들어서 유용한 지식도 쌓고, 저자 혹은 강사가 어떻게 진행하는 지도 유심히 살펴보자.

3단계는 나만의 스토리를 찾아보고 계속해서 나만의 스토리를 만들어 나가자. 시대가 바뀌었다. 이 첨단과학 시대에 스마트폰 검색만 하면 쉽게 알 수 있는 그런 내용만을 들으려고 청중들이 강연장을 찾지 않는다. 강연자 또는 저자만의 유니크한 스토리를 듣고자, 즉 저자만의 암묵지(생생한 경험과 노하우)를 듣고자 청중들이 모인다.

TED 역사상 가장 긴 기립박수를 강연은 브라이언 스티븐슨의 '우리는 불공평에 대하여 이야기해야 합니다'(We need to talk about an Injustice)이다. 주목할 만한 점은 그는 강연의 65%를 이야기로 채웠다. 브라이언 스티븐슨 스피치 분석 자료에 의하면, "브라이언 스티븐슨에게는 '파토스'(pathos)가 있다. 그리스의 철학자 아리스토텔레스는 일찍이 소통 이론을 연구했다. 그는 상대를 설득하기 위해서는 세 가지 요소, 즉 에토스(ethos), 로고스(logos), 파토스를 제시해야 한다고 보았다. 에토스는 신뢰성이다. 인정할 만한 성과를 냈거나 멋진 직함 또는 경력을 지닌 사람의 말은 신빙성이 있어 보인다. 로고스는 논리와 자료, 통계를 통한 설득을 의미한다. 파토스는 감정에 호소하는 행위다."

스티븐슨 강연을 위 기준으로 분석해 보면, 에토스(신뢰성): 10%, 로고스(증거 및 자료): 25%, 파토스(감정적 호소): 65%이다. "그런데도 놀랍게도 스티븐슨 강연은 TED에서 가장 설득력 있는 강연 중 하나로 뽑혔다. 간단히 정리하면 논리 하나만 가지고는 설득을 할 수 없다. 이는 세상에서 가장 논리적인 사람들이 한 말이었다."

- 「Talk Like TED」(카민 갤로의 저)

4단계는 연습을 하자. 연습기회를 통해 전문성도 강화하고 스피치 실력도 늘리자. 오프라인 스피치 클럽을 찾아서 다른 사람의 스피치를 들어보고 기회가 되면 강연이나 스피치 연습을 하자. 오프라인에 다양한 스피치 단체가 있다. 비영리재단인 토스트마스터즈, 그리고 각종 스피치 동호회가 있다. 실제로 아는 것과 말로 해보는 것에는 엄청난 차이가 있다. 경험이 부족하면 생각하고 입하고 따로 논다. 이게 요즘 교육계에 핫한 단어인 '메타인지'다. 이 용어는 1976년 미국의 발달 심리학자 '플라벨'이라는 심리학자가 최초로 사용한 개념이다. 지식은 두 종류가 있다. 하나는 내가 알고 있는 느낌은 있는데 설명을 할 수 없는 지식이고, 다른 하나는 내가 알고 있는 느낌도 있고 설명도 할 수 있는 것이 지식이다. 그러나 첫 번째 지식은 착각이다. 자신이 자신에게 속고 있는 것이다. 스스로 설명할 수 없는 것은 알고 있는 것이 아니라 알고 있다고 착각하는 것뿐이다. 내가 아는 것은 내가 설명할 수 있어야 한다. 강연이나 스피치는 내가 정말 제대로 아는 지식을 축적하고 경험도 쌓을 수 있는 좋은 방법이다. 강연을 잘하기 위해서는 두 번째 지식의 양과 스토리가 늘고 경험이 축적이 되어야 한다.

5단계는 소규모 강의를 직접 만들어서 강연을 하자. 본인이 현재 가지고 있는 전문성, 재능 혹은 취미를 가지고 만들어보자. 온오프믹스, 온라인 커뮤니티, 재능기부사이트(크몽, 크레벅스, 오투잡 등)를 활용하면 쉽게 강의를 개설할 수 있다. 강의를 이렇게 실전으로 진행하면서 청중들과 교감하며, 어떻게 하면 강의를 통해 가치를 전달할까? 생각하다보면 강의 질이 시간과 함께 발전한다. '강의준비 → 강의연습 → 실전 강의 → 청중 피드백 → 강의수정 → 강의연습 → 실전 강의'로 계속 선순환 발전하게 된다.

전문성이 깊어지고, 연륜이 쌓일수록 오히려 그 진가가 들어나는 것이 강의와 스피치다. 앞으로 긴 서드 피리어드를 평생 현역으로 살아야 하는 우리로서는 강의와 스피치는 가치를 전달할 수 있는 훌륭한 수단이다. 당신은 100세까지 청중과 교감하면서 가치를 전달하면서 살고 싶지 않은가!

에필로그

비범함은 평범함의
반복에서 나온다

성공적인 서드 피리어드를 위해 나만의 평생 현역 필살기를 만들라. 이는 하루아침에 자격증을 따듯이 만들어지는 것이 아니다. 오랜 시간 꾸준히 반복적으로 하나씩 만들어갈 때 생기는 것이다. 오늘, 지금 당장 실행하라. 그러면 당신은 지금 삶의 몇 배로 가치 있는 인생 3막을 살게 될 것이다.

먼저, 당신 자신만의 '의식'(ritual)을 만들라
작은 실행습관을 만들어 의식처럼 매일 행하라. 작은 것이라도 좋다. 아니 오히려 복잡하지 않고 단순할수록 좋다. 조금만 복잡해지면 지속이 어렵다. 나는 지난 1993년 7월부터 지금까지 거의 매일 쉬지 않고 의식처럼 해오는 실행습관이 하나있다. 하루 30분 이상씩 어학공부를 하는 것이다. 이 단순한 실행습관을 24년간 지속하니, 평범한 작은 습관 하나가 평생 쓸 필살기로 변신하였다. 이처럼 당신도 당신이 매일 쉽게 실천할 수 있는 분야를 선택하라. 그리고 지속하라. 런던대학교 제인워들 교수에 의하면, 습관을 완전히 익히는데 평균 66일이 걸린다고 한다. 서드 피리어드를 준비하는 지금, 본인이 40대라고 하더라도 충분히 그 분야의 고수가 될 수 있으며 나아가 가치를 전하는데 활용할 수 있다.

둘째, 주말의 하루는 '자기계발의 날'로 정하라

하루가 어려울 경우, 주말 양일을 각각 절반씩 활용하는 방법도 있다. 평범한 직장인이라면, 평일에는 야근이나 회식의 변수가 있어서 매일 규칙적으로 꾸준히 시간을 내기가 어렵다. 자기계발의 최종 목적지는 평생 현역의 필살기를 만드는 것이다. 필살기 후보분야를 체계화하기 위해서는 집중적으로 시간을 투자할 필요가 있다. 자기계발을 원하는 분야의 독서와 강연회 참석 및 정리하는 시간으로 활용할 수도 있다. 이렇게 충분한 시간을 투자하면 중간 중간 성취감도 맛볼 수 있고, 이는 결국 나 자신에게 자기계발을 쉬지 않고 꾸준히 할 수 있도록 하는 동기부여가 된다. 시간이 부족한 직장인들이 취미 차원의 자기계발이 아닌 평생업으로 연결시킬 수 있는 역량 계발을 위해서는 주말에 시간 관리를 어떻게 하느냐에 달려있다.

셋째, 직장이 가장 좋은 배움터다

평생 현역을 위한 자기계발은, 우선 내가 하고 있는 일의 가치를 재발견 하는데서 시작한다. "내 업무는 밖에 나가면 써 먹을 게 없어. 별로 도움이 안 돼"라고 말하는 경우가 흔히 있다. 그러면 자신이 하는 직무 가운데 유독 끌리는 업무가 하나쯤은 있을 것이다. 거기에 의미를 부여하고 집중하라. 인생은 작은 조각이 서로 퍼즐을 맞추어 큰 그림을 그릴 때 이루게 되는 것이다. 아울러 회사에서 얻을 수 있는 다양한 온·오프라인 교육의 기회를 최대한 활용하자. 이를 통해 회사도 성장하고, 나도 함께 성장해 나가는 관계를 구축하는 것은 중요하다.

스티브 잡스는 스탠포드대학의 졸업식 축사에서 형편이 안 좋아 리드대학(Reed College)에서 자퇴한 후 서체수업을 6개월간 청강생으로 들었다고 한다. 그런데 10년 후 매킨토시 컴퓨터를 설계할 때, 그 배운 내용을 활용하게 되어 현재의 PC가 아름다운 서체를 갖게 될 수 있었다고 말했다. 이어서 자신은 결코 자신이 서체수업에서 배운 내용을 미래에 활용하게 되리라고는 전혀 생각각하지 못했다고 고백했다. "다시 말씀 드리지만, 이 점들이(경험) 앞으로의 인생에서 어찌 연결될지는 알 수 없습니다."(Again, you can't connect the dots looking forward.)

마지막으로, 전문성을 바탕으로 협업의 능력을 키워라

협업을 한다는 것은 다른 사람의 전문성과 강점을 연결해서 새로운 가치를 창출하는 것이다. 우리는 노드 중심에서 링크 중심의 사회로 가고 있다. 개인이 아무리 뛰어나도 집단 지성을 넘어설 수 없다. 많은 사람들을 온·오프라인 상에서 만나 경험과 지혜를 연결하고 공유하는 것은 개인이 혼자서 지식을 쌓은 일 못지않게 중요하다.

100세 시대, 서드 피리어드를 대비해야 하는 시대가 되었다. 직장생활하면서 슬기롭게 평생 현역형 필살기를 만드는데 성공하여 자신과 가족을 보호하고 가치 있는 삶을 살기를 진심으로 바란다. 필살기를 만드는 것은 많은 시간을 필요로 하는 작업이다. 혼자가기에는 지치기 쉽다. 부디, 이 책이 평생 현역을 준비하는 당신에게 아주 조금이라도 도움이 된다면 더할 나위 없이 기쁘겠다.

장영환

북큐레이션 • 가치 있는 Third Period의 삶을 꿈꾸는 당신에게 추천하는 라온북의 책

미친 실행력으로 지금 당장 인생 3막 준비를 시작하는 당신을 응원하며,
다양한 재원으로 재테크할 수 있는 방법을 알려드립니다.

꿈을 향해 거침없이 나아가는 실행력!

미친 실행력

박성진 지음 | 13,800원

**지방대 출신, 공모전 기록 전무, 토익점수 0점의 저질 스펙 소유자!
미친 실행 하나로 국내 최고 유통 기업의 TOP이 되다!**

"꿈과 열정을 가지세요! 생각하는 것만으로도 꿈을 이룰 수 있습니다."
자기계발서에 나오는 단골 멘트다. 저자는 이 말에 동의하지 않는다. 꿈과 열정을 가지고 생각하고 다짐만 한다면 절대 원하는 결과물을 얻을 수 없다. 아무리 뜨거운 열정과 큰 꿈을 가지고 있더라도 실행하지 않으면 아무 짝에도 쓸모없는 것이 된다.
당신은 꿈꾸기 위해 태어났는가, 이루기 위해 태어났는가? 아무리 생생하게 꿈꿔도 소용없다. 그것을 실행시키는 사람만이 승자가 된다. 오늘 하지 못한 일은 평생 실행하지 못한다. 저자는 '언제 할까?' 고민하지 않고, '지금 당장' 움직이는 미친 실행력으로 인생 180도 바꿨다. 인생을 바꾸고 싶다면, '지금 즉시, 될 때까지, 미친 듯이' 실행하라!

오늘 당장 꿈을 실행하게 하는 30가지 동력!

지금 시작하는 힘

심상범 지음 | 13,800원

**나에겐 0%에서 시작하여, 상위 1%를 향해가는 힘이 있다!
당신의 인생을 바꿀 가장 완벽한 터닝포인트는 바로 오늘이다**

자신감 0%, 책임감 0%, 가진 것 하나 없던 평균 이하 직장인, 어떻게 사무실을 벗어나 수백 명의 눈을 사로잡는 마술사가 되었을까? 마술처럼 인생을 뒤바꾼 10가지 원동력과 20가지 실행전략이 이 책에 담겨 있다. 마술로 삶을 이야기하는 강연자이자 '매직&드림컴퍼니' 대표인 저자는 마술처럼 삶을 바꾸고 어제보다 더 성장하고 싶은 이들을 위해 책을 펴냈다. 마흔, 새로운 삶으로 도약하기 위해 마음속에만 품고 있던 꿈, 계획만 세우고 실천하지 않았던 목표를 현실로 바꾸기 위해 노력하며 얻은 깨달음과 실행전략을 공유한다.

돈 버는 취미 사진

이석현 지음 | 13,800원

"당신의 사진 저장함에 돈이 되는 사진이 숨어 있다!"
하루에 10만 원씩 다운로드 되는 수익 구조를 만드는 완벽 가이드!

"사진이 취미"라고 말하는 사람이 많다. 값비싼 사진기를 들고 사진동호회에 참석한다든지, 자라나는 아이들의 모습을 담기 위해 DSIR을 배우는 엄마들도 많다. 인스타그램, 카카오토리에 빠진 20대는 진작부터 사진 찍기를 즐기고 있다. 그런데 이렇게 찍은 사진이 돈을 벌어 준다면 어떨까? 이 책은 최근 무섭게 성장하고 있는 스톡시장에 대해 알려주고, 일상적인 사진이 어떻게 돈이 되는지 알려준다. 당신이 찍은 사진도 돈을 벌 수 있다! 사진 찍기는 그저 값비싼 취미일 뿐이라는 편견을 깨고, '사진도 재테크'라는 새로운 세상에 눈 뜨게 될 것이다. 자, 지금 당장 시작해보라.

난생처음 주식투자

이재웅 지음 | 13,800원

'판단력'만 있으면 주식 투자 절대 실패하지 않는다!
차트보다 정확한 기업 분석으로 적금처럼 쌓이는 주식 투자법!

쪽박에 쪽박을 거듭하던 저자가 전문 주식 투자자가 되기까지! 저자가 터득한 가장 효과적인 공부법과 이를 바탕으로 실전에서 활용할 수 있는 효과적인 투자 노하우를 담은 책이다. 1장에는 저자의 생생한 투자 실패담과 많은 주식 투자자들이 실패하는 이유에 대해, 2장에는 주식 투자에 밑바탕이 되는 기본 지식 공부법과 습관에 대해 설명한다. 그리고 3장부터 본격적으로 주식 투자에 필요한 용어 설명, 공시 보는 법, 손익계산서 계산법, 재무제표 분석법, 사업계획서 읽는 법, 기업의 적정 주가 구하는 법 등 투자에 필요한 실질적인 노하우를 6장까지 소개하고 있다. 마지막 부록에는 저자가 실제 투자를 위해 분석한 기업 7곳의 투자노트가 담겨 있다.